カウンセラー、心理療法家のための

スピリチュアル・カウンセリング入門

㊤理論編

Morotomi Yoshihiko
諸富祥彦 著

誠信書房

はじめに

本書は、「心理カウンセリング／心理療法としての〈スピリチュアル・カウンセリング〉」についての入門書です。その基本的な考え、理論、技法、実践をわかりやすく解説しました。本書では、江原啓之氏らの「霊能による人生相談」ではなく、「心理学的援助としてのスピリチュアル・カウンセリング」という新たな領域の構築を目指しました（幸いなことに、江原氏自身は、二〇一一年から自らのことを「スピリチュアル・カウンセラー」ではなく、「スピリチュアリスト」と自称するようになったようです）。

人間のさまざまな悩みを単なる心理的な側面からだけでなく、「たましい」の問題としても見ていくカウンセリングを、私は「スピリチュアル・カウンセリング」と呼んでいます。「スピリチュアルな次元に開かれ、スピリチュアルな志向性を持ったカウンセリング」を本書では「スピリチュアル・カウンセリング」と呼んでいるのです。

といっても、何も、これまでは存在していなかった「新分野」を創るのではありません。すでに多くの優れたカウンセラーが、人間のたましいに深くかかわるカウンセリングの実践を積み重ねてきています。

「もう死んでしまいたいです」

「大切な人も、仕事も、何もかも、失ってしまいました。私のこんな人生に、はたして意味などあるのでしょうか」

「私の一生は、あの人を愛するためにだけ、あったようなものです。あの人に愛されないなら、私の人生は、もう終わったようなものです」

「毎日が、ただ同じことのくり返し……。毎日がからっぽで、まったく空虚にしか感じられません」


人間のこういった根源的な悩み――その多くは、自分の力で解決できない「どうしようもない」ことに関わる悩み――は、どれも、その大半がスピリチュアリティ、すなわちその方の「たましい」と深くかかわった問題です。そのため、カウンセラーがクライアントの方を深く受けとめ、何がしかの支えとなりうるためには、カウンセラー自身が自らスピリチュアルな次元、たましいの次元に開かれていなくてはなりません。そうでなければ、たましいの深い苦悩を抱えているクライアントの方と本当に向き合うことは、できなくなるからです。

ユングやロジャーズが、またわが国の「カウンセリングの達人」たちが、スピリチュアルな次元に開かれ、クライアントの物語る深いこころの世界に開かれ、また、それればかりでなく、自分自身のたましいの深いところに下りてゆき、直観的な次元に開かれたカウンセリングをおこなってきたことは周知のとおりです。

私は本書で、これまで地道に積み重ねられてきた、カウンセリングとスピリチュアリティの両者にかかわる実践を見直して、統合する一つの枠組みを提示したいと思っています。「心理カウンセリング／心理療法としての、スピリチュアル・カウンセリング」という枠組みです。「カウンセリングという活動を、スピリチュアリティの次元から、たましいの次元から見直してみると、……こんなにも豊かな可能性が開かれてくる」――そんなものの見方を提示したいのです。

「スピリチュアル・カウンセリング」の対象

「スピリチュアル・カウンセリング」の対象、それは、「現代社会に生きるすべての人」です。「霊的なことに関心を持つ一部の人」ではありません（もちろん、そうした人を除外するわけではありません）。

近接領域である「スピリチュアル・ケア」において中心的な対象とされているのは、おもに末期のがん患者さんをはじめとした、終末期医療の患者さんたちです。「スピリチュアル・カウンセリング」でも、重い病を抱えるなどして、死に直面している人も、もちろん重要な対象となります。

「スピリチュアル・カウンセリング」の対象は、次のような悩み、苦しみを抱えているすべての方たちです。

◆さまざまな病や、自分ではどうすることもできない苦しみを抱え続け、「もういっそ、人生を終わりにしてしまいたい」「生き続けていくのは、困難だ」と思い、人生を投げ出したくなりながらも、それでも何とか生きしのいでいく道を模索している方
◆「自分の人生は空虚だ。からっぽだ。こんな日々のくり返しに生きる意味があるとは思えない」と、強い空虚感に苛まれている方
◆うつ病などの心の病を抱えて、さまざまな治療を受けてきたものの、症状が緩和せず、何年もの間、苦しみ、のたうちまわり続けている方
◆職場や家庭での人間関係の問題に苦しみ続け、その問題を何とかしなければと考え続けることに、多大な時間と生きる意欲とを奪い取られ、「いったい、あれは何だったのだろう」と呆然としている方
◆たとえば、震災や交通事故などの、突然の事故や病によって、「大切な人」を亡くしてしまい、大きな悲しみに包まれ、喪失感に苛まれ続けている方
◆何らかの出来事をきっかけに大きな心の傷（トラウマ）に苦しみ続けている方

◆長期にわたる悩み、苦しみ、傷つき、喪失感などから、「なぜ、こんなことが、この私の人生に起こったのか、それが起こったことの意味」を長い間探し求め続け、しかしいくら求めても求まらず、苦しみ続けている方
◆回復不可能な慢性の病にかかり、それまでできていたことが突然できなくなってしまった「喪失感」や「つらい痛み」に苦しみ続けている方
◆アルコール依存、ギャンブル依存、仕事依存をはじめとした、さまざまな依存症に苦しんでいる方
◆いつ突然襲ってくるかわからない自分の「死」とどう向き合えばいいかわからず、苦しんでいる方
◆宗教上のさまざまな葛藤に苦しんでいる方
◆占いや霊能、ヒーリングなど「スピリチュアルなもの」とかかわってきて、これからどのように人生の道を選んでいくか、迷い続けている方
◆「見えないはずのものが見えはじめた」「白い光に全身を包まれた」「神からのメッセージが聞こえてきた」などの神秘体験や超常体験が突然生じて、しかし自分でその体験をどう理解したらいいかわからず、困惑している方

こうした方々こそ、スピリチュアルな次元、たましいの次元との深く、たしかなつながりを最も強く必要としている方だと思われます。

さらに、「スピリチュアル・カウンセリング」の中心的な対象となるのは、次のような方です。

◆毎日の「普通の生活」の中で、さまざまな迷いや悩みを抱えながら、「私の人生は、これでいいのだ。この方向に進んでいけばいいのだ」という「こころの深いところでの、たしかな納得の感覚」を得ることができず、「何か、足りない」という感じを抱えたまま、日々を生きている多くの方

現代を生きる多くの人が、自分のこころの深いところで、スピリチュアルな次元、たましいの次元とのつながりを失い、切り離され、その結果、「どう生きればいいのか」確かさを得られないまま、さまよいながら、日々を生きています。「頭で」こう生きるのがいいのだろう、と考えて、とりあえず、毎日生き続けてはいるものの、こころの深いところでは「これでいいのだ」「私はこの方向に進んでいけばいいのだ」という「たしかさの感覚」を得ることができないまま、日々を過ごしているのです。

その結果、多くの現代人は必然的にこころの深いところで「不全感」を抱かざるをえなくなっています。

「どこか深いところで納得できないまま、生きている感じ」

「生きていることの不確かさ」や「手ごたえのなさ」

「人生の方向喪失の感覚」

「絶えずつきまとう、漠然とした空虚感。無意味感」


ある角度から見ると、先進諸国に生きている現代人の大半は「軽うつ」状態にある、ということになります。これは、たいへんな事態です！


私が、スピリチュアルな志向性を持つセラピストとして最も尊敬しているアーノルド・ミンデルも「あらゆる地域で、人びとは慢性的な軽い抑うつに悩まされている」と言っています。

ミンデルは言います。


「おそらく、あなたが世界のどこに住んでいようと、周囲の人びとの多くは自分の人生には何かが欠けていると感じているだろうし、それどころか人生とは本来特別な何かが欠けているものなのだと思い込んでいる人さえいるだろう。休みの日が来ると、私たちはこのかすかな抑うつを最も一般的な形で感じることになる。人生など特別なものではなく、終わりまでひたすら生きるだけのものだ、と感じてしまうのである。」〈ミンデル『24時間の明晰夢』〈藤見・青木訳、二〇〇一、九頁〉〉

では、何が問題なのでしょうか。

ミンデルが指摘する根本原因は、現代人の多くが、ミンデルが「ドリーミング」あるいは「プロセスマインド」と呼ぶスピリチュアルな次元と切り離されているために、「人生の半分しか生きていないこと」にあります。「問題がどのような形で現れようと、多くの抑うつや生気のなさの根本にあるのはドリーミングの無視である。ドリーミングがなければ、人生の半分を生きているにすぎず、世界の半分を見ているだけである。」(同)

したがって、その根本的な解決策はただ一つ、ミンデルが「ドリーミング」と呼ぶ「スピリチュアルな次元」とのつながりを回復していくこと。それ以外には、ありえません。

人間は固い事実の世界に生きているのではありません。昼間起きている時でも、常に、空想と夢の世界(したがってまた同時に、幻想と幻滅の世界)に生きています。人間は「空想と夢の世界」を介することなく、直接事物とふれあい、ものを見たり聞いたりすることができません。人間は生きている限り、常にこの空想と夢の世界を生きているのです。この空想と夢の世界(イメージ、言葉、シンボル等)の背景に常にあり、それらを創造・生成させている「源」たる「形なき、流れ」——これをミンデルは「ドリーミング」と呼ぶのです。「ドリーミング」は、したがって、ほとんど言語化できない言語以前、イメージ以前の漠然とした感覚や直観としてしか意識しえません。「ドリーミング」は、「プロセスと流れ」があらゆる心理学やスピリチュアルな伝統の中核であると考えるミンデルの(「プロセスマインド」と並ぶ）中心概念の一つで、「スピリット」とほぼ同義です。

「ドリーミングの視点からすれば、人生の複雑さにもかかわらず、実はたったひとつの問題しかない。それは現実の背後にあるドリーミングを無視してしまうことだ」（同）。

そう、ただそこにしか問題はなく、そこにしか解決の道もないのです。

現代人の多くは、毎日のせわしない日々のなかで、仕事でも私生活でも、表面的には特に大きな問題を抱えることなく、なんとかやりくりしながら生きています。しかし、こころの深いところでは「人生の方向喪失感覚」に苛まれているのです。

「私の人生はこれでいいんだ」「この方向で間違っていなかったんだ！」という「確かさの感覚」をこころの深いところで得ることができないまま、日々を過ごしているのです。

つまり、多くの人は、「心理的、社会的には、この世界になんとか適応しながら」生きているけれども、こころのより深い次元（スピリチュアルな次元＝たましいの次元）においては、「どこかしっくりこない、という違和感」や「何か、足りない、という不充足感」「迷い」を抱えて生きているのです。そしてこの「違和感」や「不全感」「迷い」が深まっていくと、「私が生まれてきたことには、何か意味があるのだろうか」「生きている意味を実感することができない」という「実存的な空虚感」となっていきます。

たとえば昨今の「婚活」ブームの背後にも、こうした現代人の心理が見え隠れしてはいないでしょうか。「結婚しなくては」と周囲の視線を気にして強迫的に「婚活」し続け、「婚活市場」における自分の「価値」に気を奪われ、疲れきってしまい、うつ状態になる方も少なくありません。結婚した人も結婚していない人も、心のどこかで「これでいいのだろうか」「私の人生はどこかで進むべき方向を間違えているのではないだろうか」「この相手でよかったのだろうか」という「不確かさの感覚」を抱えながら生きざるをえなくなっています。そしてこの「不確かさ」は、心の奥深く、たましいの次元から発せられてきているものなのです。私は、婚活疲れの方のカウンセリングをしていると、この方が結婚できないで（しないで）いるのは、「この方のたましいが、この方が結婚して不幸にならないよう、この方のことを知らず知らずのうちに守っているからではないだろうか」という思いが生じることもあります。

ほかの問題も同様で、仕事や人間関係についても、「転職したほうがよかったかどうか」「あの人との人間関係はこのままでよかったのかどうか」……と、現代人は常に「不確かさの感覚」を抱えて生きていかざるをえなくなっています。

「自分らしく生きる」ことの大切さを、多くの人はわかっているはずです。……けれども、現代社会において、ほんとうの意味で「自分らしく生きる」のは、実にむずかしい……。

これは、現代人がさまざまな社会的束縛から解放され、「あまりに多くの自由と選択肢」が与えられていることによる、本質的な悩みと言えるでしょう。

私たちは「自分は正しい選択ができたのかどうか」と考えながら確信が持てなくなり、自分の人生に常に「不確かさ」を感じつつ日々を送らざるをえなくなってしまっているのです。

つまり、こころのより深いところ、たましいの次元においては、慢性的な不適応感を抱えて生きていかざるをえなくなっているのです。

「スピリチュアル・カウンセリング」とは――たましいの声に耳を傾ける

スピリチュアル・カウンセリングが主たる対象とするのは、こうした、現代人の多くが心秘かに抱えている「迷い」や「不確かさ」「むなしさ」などの「生きていることの不全感」です。

では、こうした現代人には、何が必要なのでしょうか。

それは、一言で言えば、「一人ひとりがみずから、スピリチュアルな次元とつながりながら自己探索していくこと」です。

こうした「迷える現代人」「表面上はこの社会で適応的に生きていても、心の奥深くでは、不全感や不充足感、人生の方向喪失感を抱えて生きている人」の多くは、現状では、心理カウンセラーのもとを訪れるよりも、占い師や霊能者にアドバイスを求めることが多いようです。ビジネス・コンサルタントが書いた「ポジティブ・シンキング本」に人生の指針を求める方も少なくありません。けれどもその多くは一時の気休めにしかならず、ますます「方向喪失感」や「不確かさ」「不全感」「依存性」を助長してしまうようです（もちろんなかには、深い内容を伴ったものもあるようですが）。

仕事、結婚、友人や家族との人間関係……さまざまな問題でさまよえる現代人の多くが、心の奥深くで必要としているもの。それは、「自分のこころの深いところに触れていく、自己探求」であり、「こころのメッセージ、たましいのメッセージに耳を傾けていくのを援助するカウンセリング」です。

「スピリチュアル・カウンセリング」とは、日々迷いながら生きている人が「自分のこころのスピリチュアルな次元」とつながることができ、「私はこう生きていけばいいんだ！」という、確かな方向感覚を探り当てていくのを支援するカウンセリングです。「たましいの声に耳を傾けていくカウンセリング」「たましいの次元における自己探索支援のカウンセリング」です。

もちろん、現実社会のなかで、仕事や人間関係を上手にこなし、適応的に生きていくのを支援する「現実適応支援のカウンセリング」「問題解決志向のカウンセリング」も必要です。こころの病を抱えている人には「症状除去／緩和志向のカウンセリング」も必要でしょう。

けれども、現代社会で苦しんでいる多くの人が抱えているのは、そうした、「私は○○で悩んでいます」と、言葉で説明できるような「わかりやすい悩み」ばかりではありません。「自分が何で悩んでいるのかさえ、よくわからない。ひとに言ってもわかってもらえない……でも、ともかく、このままでは自分はだめだと思ってしまう」人が多いのです。

スピリチュアル・カウンセリングは、具体的な問題解決にとどまらず、一人ひとりのこころの深いところまで降りていき、「これが私の人生なのだ」「私はこんな人生を生きるためにこの世に生まれてきたのだ」「私の人生はこれでいい。こうでしか、ありえない」という、深い次元での充足感の獲得を支援していくカウンセリングです。

そしてそのための方法論は、ロジャーズやジェンドリン、マズローらの人間性心理学、ミンデルやグロフ、ウィルバーらのトランスパーソナル心理学、ユング心理学などにすでに豊かに蓄えられています。これらの心理学には、自己探求を通しての自己成長、さまざまな悩み苦しみを通しての気づきの獲得を援助し続けてきた実績と、方法論上の蓄積とがあります。

本書は、「心理学的な援助活動としてのスピリチュアル・カウンセリング」を提唱し、その理論と実際を紹介した入門書です。

カウンセリングを学ばれている方や心理カウンセラーとして活動中の方はもちろんのこと、ご自分の人生のスピリチュアルな意味に関心のある方にも興味深く読んでいただける本にしたい、という願いを持って書きました。

具体的には、本書を次のような方に読んでいただければと思います。

援助者としての自分を深く見つめ、力量を高めたいと思っておられる方

◆人間のさまざまな悩みを単なる心理的な側面からだけでなく、「たましい」の次元からも見ていくカウンセリング、「スピリチュアルな次元に開かれ、スピリチュアルな志向性を持ったカウンセリング」を学びたいと思っておられる方
◆これまで心理療法やカウンセリングを学んできたけれど、スピリチュアルな観点が希薄で、少し物足りないと感じてこられた方。もっとスピリチュアルな色彩の強いカウンセリングを学びたいと思っておられる方
◆ご自分のカウンセリングの実践を、より深く、たましいの次元に根差したものに熟させていきたいと願っている方
◆スピリチュアルな思想や、スピリチュアルな心理学のアプローチを学んで、カウンセラー／心理療法家としての深みを増していきたいと思われている方
◆たましいの次元における支援をその活動の中心とする「心理学的援助活動としてのスピリチュアル・カウンセリング」に関心のある方

ご自分の人生をスピリチュアルな観点から深く見つめていきたいと思っておられる方

また、こうした「援助する側」の方ばかりでなく、「自分自身のことをスピリチュアルな観点から深く見つめていきたい」と思われている多くの方々にも、本書をぜひ読んでいただきたいと思います。

◆スピリチュアルなことに関心があり、スピリチュアルな心理学を学びながら深く自分を見つめていきたい、と思われている方
◆これまですでに、スピリチュアルなことを学んでこられていて、それに心理学的な学びも重ねて、自己成長をはかりたいと思われている方
◆霊能や前世療法、オーラ、ヨーガ、占いなどを学んできたけれど、これまで学んできたことでは、まだ不十分だ、という方
◆もっと本格的に、スピリチュアルな次元での自己成長＝人間的成長を果たしたい。特別な能力を持った人や霊能者、いわゆる「見える人」や占い師にアドバイスをもらって右往左往するのでなく、自分で自分自身を深く見つめ、スピリチュアルな次元での自己探究に取り組んでいきたい、と思われている方

さらにまた

◆日々、さまざまな迷いや悩み、不確かさを抱えながら生きていて、「私の人生は、これでいいのだ。この方向に進んでいけばいいのだ」という深い納得の感覚を得ることができずに日々をすごされている方

◆とりあえず、こう生きるのがいいのだろう、と「頭では」納得して生きているものの、「こころの深いところ」では「たしかな納得の感覚」を得ることができないまま、「このままでいいのだろうか……」と迷いや不確かさ、「漠然とした不全感」を抱えて生きておられる方

◆「自分の人生は空虚だ。からっぽだ。生きる意味があるとは思えない」と、強い空虚感に苛まれながら生きている方

◆長期間にわたる自分の悩み、苦しみ、傷つき、喪失感などについて、「いったいなぜ、こんなことが、よりによって、〝この私〟に起きたのか」……と、その「意味」を問うておられる方

こうした方にも、本書を手に取っていただけると幸いです。

謝辞

本書は、私がこれまでおこなってきた心理カウンセリングや、「気づきと学びの心理学研究会　アウエアネス」「日本トランスパーソナル学会」等での学びの成果をもとにしたものです。

私のこれまでのクライアントの方々や、ワークショップや学会に参加して共に学んでくださった参加者のみなさま、そして私を支えてくれたスタッフのみなさま、学会の役員や事務局・会員の方々に、こころからお礼申し上げます。

特に、ある時は迷い多き私の「友人」かつ「兄貴分」として、またある時は私の「師」として、いつも暖かく私を支え、本書に記したことも含め多くのことを教えてくださった富士見ユキオ（藤見幸雄）さんと奥様の岸原雅加子さんご夫妻、『現代のエスプリ』四三五号「特集トランスパーソナル心理療法」（諸富・藤見、二〇〇三）所収の座談会の収録をご了承くださった河合俊雄先生、滝口俊子先生、また座談会に快く参加してくださった故河合隼雄先生に心から感謝申し上げます。

目次　『カウンセラー、心理療法家のためのスピリチュアル・カウンセリング入門（上）／理論編』

目次　『カウンセラー、心理療法家のためのスピリチュアル・カウンセリング入門（下）／方法編』

第1章

「スピリチュアル・カウンセリング」が目指すもの

――「たましいの自己実現」

「スピリチュアル・カウンセリング」が目指すもの＝「たましいの自己実現」

スピリチュアル・カウンセリング（＝スピリチュアルな次元に開かれ、スピリチュアルな志向性を持つカウンセリング）が目指すもの――それは、現実社会における「心理社会的適応」や「症状の除去」「問題や葛藤の解決」にとどまることなく、それらを含んで超えて、一人ひとりの人間が、こころのより深い次元、たましいの次元とつながりながら、真に充足した幸福を手に入れること。現代人の多くが陥っている「人生の方向喪失状態」から回復し、「私は、この人生を生きるために生まれてきたのだ」「私は、なすべきときに、なすべきところで、なすべきことをしている」という生きていることの「確かさの感覚」「生きる意味と使命の感覚」に満たされた生き方を実現していくことです。

つまり、「私はこう生きたい」「これがしたい」という「私の欲望レベルの自己実現（＝自我実現）」ではなく、「より深い、スピリチュアルな次元、たましいの次元における自己実現」、すなわち、「たましいの自己実現」を目指すのが、スピリチュアル・カウンセリングの目標です。

「自我実現」と「自己実現」を明確に区別し、巷で言われている自己実現、すなわち、社会的成功に焦点を当てた自己実現は、ユングやロジャーズらが言う真の意味での自己実現ではなく、単なる「自我実現」にすぎない――こうした考えをはじめてストレートに私がうかがったのは、たしか、今から十四年ほど前、一九九八年に、山王教育研究所でおこなわれた、富士見ユキオさんの研修会においてでした。

富士見さんは、自我の実現をサポートすること、それにより、私生活や社会生活において「いわゆる幸福」を手にすることの重要性を踏まえたうえで、それと、「たましいの次元における自己実現」とをはっきり区別することの重要性を語ったのです。

「サイコセラピィ」の「サイコ（サイキまたはプシケー）」の本来の意味は、「たましい」であり、したがって「サイコセラピィ」の本来の姿は、「たましい（サイコ）」の「癒し（セラピィ）」であるべきで、単なる「自我レベルの問題解決」にとどまってよいものではありません。本来、あらゆるカウンセリングは、「たましいの次元に開かれたカウンセリング」＝「スピリチュアル・カウンセリング」であるべきなのです。

「自我次元の幸福」と「たましいの次元の幸福」

人生がむずかしいのは、「自我の実現」と「たましいの実現」、「自我レベルの自己実現」と「たましいの次元の自己実現」、「自我次元の幸福」と「たましいの次元の幸福」がしばしば葛藤するからです。

何が幸福か、というのは、ほんとうに、考えれば考えるほど、難しい問題です。

みなさんにも、次のようなことはないでしょうか。

社会的にも成功し、経済的にも恵まれ、家庭生活もとても穏やかにおくっておられるようにみえる。人もうらやむような、何一つ欠けたところのない人生のように思える。そんな人生を送っている方がみなさんのまわりに、今、いるとします。

本人自身も、自分の人生に満足しているように思える。そんな方です。

けれどもなぜか、その方のそばにいると、ふと、「何とも言えない空虚感」や「微細な、苛立ちのようなもの」が、その方の存在のエネルギーとして、いわば「波動」のようなものとして、こちらに伝わってくる。……そんなことは、ないでしょうか。

その方の行動や表情をよくみていると、時折、圧倒的な「さみしさ」や「空虚感」が漂っているのです。「たましいの望み」を無視して生きているがゆえに、（ほどよい「諦念」ではなく）心の深いところでの、「諦め」と「妥協」が習性になってからだ全体を覆っているのです。

しかしその分、「社会的成功」への執念は強く、私の経験で言うと、「自我レベルの自己実現」を優先する大学教授は、四〇代半ばで、純粋な学問や臨床などへの意欲を喪失し始め、「学内政治」や「学会政治」に意欲を燃やしはじめる方が多いようです（このようなタイプの方がそれなりに存在していないと世の中は回らないので必要なのですが、度がすぎると、周囲の人はこころの食中毒にかかってしまい、辟易します）。

私は、このような方のことを「自我の次元では満たされているけれど、たましいの次元では何か、大切なものを見失っている人」だと感じます。

逆に、一般的な意味ではとても幸福とは言えない人のなかに、たましいの次元では深い確かさや納得の感覚を得て生きているように感じられる方もいます。

経済的には恵まれておらず、結婚や家庭生活も一般的な基準からすると破綻に近いような生き方しかできていない。一般的な意味では、とても幸福とは言い難いけれど、仕事でも、恋愛でも、自分の心の深いところの動きに正直に生きている。「自分はこうしか生きられない」「どうしても譲れないところは絶対に譲れない」という、たましいの動きに忠実に生きている。そんな方がいます。

そしてそんな方のそばにいると、特別に大きなエネルギーを感じるわけではないけれど、「あぁ、この方は、自分の深いところから離れずに生きている」――自分の心の深いところの動きに正直に生きていて、「どうしても譲れないところは絶対に譲れない」という「たましいのリズム」と一致して生きている。そんなたたずまいが、自然と伝わってきます。

私は最近、つまるところ人間は、「自我次元のこころの軸で生きている人」と「たましいの次元のこころの軸で生きている人」の二種類に分かれるのではないか、と思っています。

そして日本人がこれから真に「成熟」できるかどうかは、自らの幸福についての価値観を「自我中心の幸福観」から「たましい中心の幸福観」に転換できるかどうかにかかっていると考えています。

平板化した世界に「垂直性」を取り戻す
──私たちの「こころの軸」の変容のために必要なこと

日本は、高度経済成長時代を経て、現在は「成熟社会」になった、としばしば言われます。もう国家として「大人」になったので、これ以上の「成長」は必要ない。ちょうど、子どもが青年になり、三五歳になっていくくらいまでどんどん「伸び盛り」で成長するのに対して、日本は今、人間の一生で言うと、四〇代半ばから五〇代前半くらいの位置にいる。これからさらに「成長」するのではなくて、国家として、国民として「成熟」すべき段階に入ってきている、というわけです。

もう「成長」することはない、いまと同じ状態を維持していくだけだ、という意味で「定常社会」という言葉を使う方もいます。私はこの言葉のほうがしっくりくる気がします。なぜならば、今の日本人の状態が、国民として「成熟している」とはとても思えないからです。「国家」というものの内実が「国民」であるならば、日本は「成熟国家」と呼ばれる段階にはとうてい達していないように思われます。

仕事をしたくない、結婚や子育てもしたくないという若者が増えている。親になっても学校や教師にイチャモンをつけ続けるモンスターペアレントがいる。責任を他人に転嫁し、クレームばかりをつけている、キレやすい中高年が増えている。ちょっとしたことでカッとなり、大きな声で騒ぐ大人が増えている。……こうしたいくつかの現象を見るだけでも、日本人は「成熟」している、というよりはむしろ「幼稚化している」「退行している」というのが、現実ではないかと思います。

ではなぜそうなったのでしょうか。多くの人は、ストレスが多いからだといった原因を説きますが、私はそれでは真の対処法は見えてこないと思います。真の原因は、成長を終えた日本が、そのあと進むべき方向を見いだせないまま、惰性で「成長期」と同じような生き方を続けてきたからだと思います。ちょうど、もう五〇歳になる男性が、三〇歳のころと同じような仕方、同じようなペースで仕事をしているのと同じです。今の日本は、そんな状態にあるのではないでしょうか。つまり、今の日本は、みずからの中年期の危機から目をそらし、いつまでも若さに固執し続けている中高年と同じような状態にあるように思えるのです（つまり、現実否認です。日本の財政面での破綻などは、まさにそのために対応を怠ってきた結果ではないでしょうか）。

そして実際、中高年期を迎えた多くの日本人も、国家と同じように新たな目標を見定めることができず、やはり中高年としての「成熟」を拒否したまま、若い頃と同じような仕事の量や効率に執着し、スピードをスローダウンさせていくことができずにいます。もしもスローダウンしてしまったら、自分自身の敗北を、つまりは「自我の死」を認めなくてはならないような気持ちになって認められず、相変わらず同じスピードで走り続けているのです。

中高年が中高年らしい生き方を見いだせず、いつまでも「若さ」に固執する——このこと自体、多くの日本人が「自我中心のこころの軸」しか持ちえずに、「自我実現」に執着し続けていることの明らかな証拠のように思えます。

では、どうすればいいのでしょうか。

ユングも言ったように、中年期になると人は、みずからの人生に空虚を感じはじめます。さまざまな点で能力の衰えを感じざるをえなくなるからです。しかしその一方で、自分の人生の意味を見つめ始めます。ただやみくもに何かに取り組み続ける外的な意識状態から、だんだんと、自分の内面に意識を向け始め、これからどうやって生きていけばいいか、どうやって自分の人生を完成させていくべきかを考え始めるのです。青年期に「自我の幸福」を求め、仕事や家庭、趣味と「外的な達成」を求めていたのに対して、中年期に入ると内面的な「たましいの次元の幸福」を求め始めるといってもいいでしょう。外的な達成感を求め続けるのを中断し、時間の流れを停止させ、ぼんやりした「空白」の時間を大切にして、自分の内面へと「降りて」いくのです。

これが「人生の午後」にふさわしい生き方ですし、「人生の午後」（いまの日本人で言うと、四五歳か五〇歳くらいからのステージでしょうか）における「発達課題」なのです。

私たち日本人に、今、求められているのは、「幸福」に関する価値観、「こころの軸」の変容ではないでしょうか。意識の革命といっても、いいかもしれません。それほどの作業をしないと、「自我中心の幸福」観を「たましい中心の幸福」観に転換することはとうていできるものではありません。そしてそのためには、みずからのスピリチュアリティとつながり、「内面性の深みに降りていく」という課題に向き合う必要があります。

これは、言い換えると、すっかり平板化されてしまった今の世界（フラットランド）に、「垂直性」の次元を取り戻す、ということです。「精神の高み」「崇高なるもの」「闇の中に輝く光」「おそれとおののき」「使命・天命」「たましいのミッション」「摂理」「絶対的なものの希求」「内面の深み」といった「垂直性の感覚」を私たちの生きている世界に、そして日々の生活に取り戻すこと。これこそが「スピリチュアル・カウンセリング」の目指すものであり、この「垂直性の感覚」を手にすることなしには、私たち日本人の多くが、こころの深いところ（たましい）が満たされた人生を生きていくことは絶対に不可能なのです。

「たましいの次元を生きるカウンセラー」の第一条件は、「本気で生きる」こと

とは言え、「たましいの次元」をこころの軸とし、「たましいの自己実現」を優先する人の人生がいいことづくめであるわけではありません。そうした生きかたをする人の人生には、おのずと危険がつきまといます。

「たましい」は、本人自身にとっても「制御不可能な働き」をするからです。したがって「たましいの動き」に従って生きていくと、人生は、本人の意識的な願望や人生計画とは相反する方向に向って動いていきます。その結果、しばしば社会生活の中で、大きな傷を抱えこむことになるのです。

しかし私は、もしもあなたが、クライアントの方の表層的な「問題解決」にとどまらず、「たましいの次元」のどうしようもない悩み苦しみに寄り添い、そこに踏みとどまることができるカウンセラーを目指すのであれば、すなわち、相談に見えるクライアントの方の、単なる「心理社会的適応」や「症状の除去・緩和」「問題や葛藤の解決」にとどまらない、より深いこころの次元、たましいの次元における「真に納得のいく生き方」の模索を援助するカウンセラーになろうとされるのであれば、それなりの危険を覚悟せざるをえないと思います。

というのも、たましいの次元に開かれたカウンセラーのもとには、やはりたましいの次元に開かれ、そのために大きな心の傷を抱えたクライアントの方が相談に訪れやすいからです。

前著『はじめてのカウンセリング入門（上）カウンセリングとは何か』（誠信書房）で私は、次のようなことを書きました（少し手を加えています）。

私の考える「カウンセラーを目指す人の条件」とは、何でしょうか。

まず一つは、「本気で生きている人」です。

これはかなり本気で、私も申し上げています。

以前に一度、河合隼雄先生と座談会でお話をうかがったことがあります。（本書第6章に所収の座談会）

この折、ちょっとした休憩の合間だったでしょうか。

河合先生はぽつりと、私に、こんなことをおっしゃってくださいました。

「諸富さん。クライアントの方は、本気でっせ。私たちカウンセラーも、ちいたぁ本気で生きなくてはとてもついていけません」

「本気で生きれば、傷つかないわけにはいきません」

「傷つかずに変わろうなんて、そんな虫のいい話は、ありません」

なかなか厳しい言葉ですが、いずれの言葉にも、心から同意します。

クライアントさんの多くは、本気で生きています。

本気で生きてきたからこそ、彼らは絶望し、傷つき、病気になったのです。

本気で仕事をしたからこそ、失敗して傷つき、こころの病にかかってしまったのです。

本気で恋をしたからこそ、「あの人でなくてはどうしてもだめなんだ……」と激しい喪失感に苛まれ、心の底に空いた穴の存在が忘れられず、悩み苦しみ続けるのです。

本気で夫婦関係に取り組んできたからこそ、お互いに不満が募り、悩み苦しんでいるのです。

仕事でも、恋でも、家庭生活でも、人生でも……もし彼ら彼女らが、「本気で生きる」のをやめて、適当なところで妥協して小賢く生きていくことができていれば、大きな痛みや傷を抱えることはなかったでしょう。

人間は、真摯に自分自身と向き合い、自分に正直に、かつ、真剣に生きていこうとするならば、痛みや傷つきを避けることはできません。そして、傷つき苦しみながらも、なお自分自身と真剣に向き合うからこそ、カウンセリングの中で「変容」を遂げていくことができるのです。

クライアントがこれほど真剣に、本気で生きていて、それがゆえに傷を抱えて苦しんでいるのに、カウンセラーのほうは妥協の連続で生きているならば、そのことは必ず、クライアントに伝わります。

「こんな、妥協となれあい、もたれあいで生きている人には、私の気持ちがわかってもらえるはずがない」と、次回から面接をキャンセルされてしまうかもしれません。

ですので、カウンセラーを目指すうえで、もっとも必要なことは、あなた自身が傷つきを恐れず、本気で生きること。そしてそのときに心の深い次元で生じる揺れにていねいに向き合っていくことです。つまり、カウンセラー自身がどれほど本気で生きてきたか、そして、それにともなう心の揺れや傷にどれほどていねいに向き合ってきたか――カウンセリングの面接の中では、かならずそのことが問われます。

スピリチュアルなカウンセリングをおこなうためにもっとも必要なこと、それは、カウンセラー自身がみずからの「たましいの動き」「たましいの声」に正直に生きることだと思います。

そしてそのためには、そのように生きていくことに必然的にともなう傷つきや危険は覚悟しなくてはなりません。

スピリチュアルなカウンセラーのクライアントに対する役割の一つは、「傷つきを抱えながらも、みずからのたましいの動きに従って生きていく人間のモデル」になることだ、と私は思っています。

人生の価値尺度（こころの軸）の一八〇度の転換――たましいの次元の「幸福の基準」

「スピリチュアルな感覚」を研ぎ澄まして生きている人、「たましいの次元」を大切に生きている人は、気づいています。

社会的に大きな成功を収め、忙しく動き回り、大きな名声を得て、幸福この上ない家庭生活を送っているように見える人が、実は、毎夜、寝床につく際、震えるほどの空虚感に突如として襲われていることに……。

その一方で、生涯結婚もせず、子どもも持たず、仕事の面でも決して大きな成功は手にしたとはいえないある人が、日々の一つひとつのことにこころを動かし、たましいを響かせて生活することで、深く満たされた人生を生きていることに……。

ではなぜ、このような違いがもたらされるのでしょうか。

たましいの次元における自己実現を目指す人とそうではない人とでは、人生の価値尺度、こころの軸が大きく異なっている――その根幹のところでは、一八〇度、ひっくり返っている――からです。

「自我次元の自己実現」を優先する人と、「たましいの次元の自己実現」を優先する人とでは、人生の価値の物差し、こころの軸が、その核となる部分において、一八〇度異なるのです。

「自我次元の自己実現」、すなわち、「自我実現」を目指す人は、この「見える世界」＝「これが現実だと社会的な同意を与えられた現実（コンセンサス・リアリティ）」中心の価値尺度で生きています。現世中心主義で、この世界、この人生で、職業生活と家庭生活で安定した地位を獲得し、成功を収めることを何よりも大切にします。この世の中では、人と衝突する人、自分を押し通す人は嫌われ、決して成功を収められないことを十分に知っているので、他者との競争や衝突を避け、「円満な人柄」を身につけて、穏やかな幸福を手に入れます。

多くの人は、こうした「いわゆる幸福」を目指します。そしてそのために、こころの深いところでの動きに蓋をして、「ほんとうは大切な何か」を諦め、妥協の連続で生きているわけです。これもこれで、けっして悪い人生ではありません。

世間で言われる「いわゆる幸福」が、こうした人の求める幸福であり、ハイデガー的に言えば、「世の中の物差し」によって自己を理解する習慣（「世界から自己を了解する傾向」）が身についているのです(Heidegger, 1927)。

しかし、世の中には、こうした生き方では、どうしてもこころが満たされない人がいます。自分自身の意図を超えた「たましいのはたらき」「たましいの動き」が、より濃度の濃い人生を求めてしまうのです。「安定」や「成功」を求める自我の声を突き破って、どうしても、「たましいの次元の自己実現」を求めてしまいます。

「そうしたい」というよりは「そうせざるをえない」し、どうしても「そうしてしまう」……それは「たましい」が、そうすることを促し、そうすることを求めてきているからです。

「たましいの自己実現」を求める人は、どこかでよく知っています。

「世の中の物差し」によって測られる「いわゆる幸福」はもろく、はかなく、むなしいものでしかない、ということを。人生のあらゆることを犠牲にしてまで守り抜く価値は、そこには存在していない、ということを。

「たましいの自己実現」を求める人は、「世の中の物差し」による「いわゆる幸福」という「相対的な基準」に、なかば本能的に懐疑心を抱き、距離をとっています。そして、「世の中の物差し」からいったん距離をとって自分の内界へと退却し、「自分自身に忠実に生きたい」「自分の内側からおのずと発せられてくるたましいの声」に従って生きていきたいと思いはじめるのです。

「どこからも来ないし、どこへも行かない」

では、人が、自分自身を誤魔化さずに生きていこうとする時、そこから出発せざるをえない「人生の原点」、人生の「絶対的なリアリティ」とは、何でしょうか。

その一つは、「私たち人間は誰もが、いつしか（あるいは間もなく）必ず死ぬ」ということでしょう。「すべての人間は、自分の意思によらず、ほんの束の間、この世に送り込まれ、生き、そして再び自分の意思によらず、消えていく」——このことほど、疑いえない人生の「絶対的なリアリティ」はないでしょう。

では、私たちは「どこから来て、どこへ行く存在」なのでしょうか。

これには、いろいろな答え方が可能でしょう。

「無から来て、ほんの一瞬、有の時をすごし、無へと帰る存在」という人もいるでしょう。

「無」を「見えない、いのちのはたらきの世界」と呼ぶこともできます。

「〈見えない、いのちの世界〉から、束の間、身体をまとってこの〈見える世界〉へとやってきて、再び〈見えない、いのちの世界〉へと戻っていく存在」だ、と言うこともできるでしょう。

しかしこれは、まだ、「見える世界」に軸足を置いたものの見方です。

もしこれとは逆に、「見えない、いのちの世界」に立脚点を置いて、そこから、「私たちはどこから来て、どこへ行くのか」と問うと、どうなるでしょう。

一つの答えは、「私は、どこからも来ないし、どこへも行かない」です。

なぜならば、私たちは誰もが、今、「この人生」というほんの束の間、この「身体という仮の衣装」を身にまとっているだけで、私たちの本体は、この身体として生まれる前から「見えない、いのちのはたらき」であったし、生まれた今も、「見えない、いのちのはたらき」のままであるし、そして死後もずっと、同じ「見えない、いのちのはたらき」のままであり続けるからです。見かけが変わるだけで、本当の正体は、ずっと変わらないので、私たちは、生死にかかわりなく、「どこからも来ないし、どこへも行かない」のです。

そしてこの「私の正体」である「いのちのはたらき」は、ただそれだけで単独で存在しているわけではありません。「他のいのち」と相互に「つながりあって」はじめて存在しています。この「無限に相互につながりあっている、いのち」は、それ自体としては、「大いなる、いのちのはたらき」とでもいうほかはない、「エネルギーそのもの」なのです。

「たましいのリズム」に従って生きていく

さて、再び立ち位置を、「この、見える世界」のほうに戻すならば、どうでしょう。私たち人間を、〈見えない、いのちの世界〉から、束の間、身体をまとってこの〈見える世界〉へとやってきて、再び〈見えない、いのちの世界〉へと戻っていく存在」である、と捉えたとき、「人生の価値基準」「幸福の物差し」はどこに置かれることになるでしょうか。

「見えない、いのちのはたらき」を「たましい」という語で置き換えるならば、「自分に与えられた、ほんの束の間の人生という時間の中で、どれだけの濃度で、たましいを生きることができたか」「たましいの動きに忠実に生きることができたか」が、一つの物差しになるのではないでしょうか。

このように、立脚点をどこに置くかで「人生の価値の物差し」「こころの軸」は一八〇度、ひっくり返ります。「見えない世界」に視点を置き、そこから見るならば、ほんの束の間、身を置く場所でしかない「この世」のまなざしに基礎を置く価値の物差しや幸福の基準は、ほぼ、意味を失います。いろいろなことを諦めて、妥協して、ようやく守り続けてきた社会的な地位や家庭の安定も……即座に意味を失うのです。

ほんの束の間、身を置く場所でしかない「この世」の物差しで「たましいの動き」を縛るのは、本末転倒です。

一方、「見えない、いのちのはたらき」に立脚点を置くならば、私たちは、生まれる前も、生まれた後も、そして死後もずっと、同じ「いのち」のままです。

この「見えない、いのちのはたらき」「たましいの動き」に視点を置いて、「人生の価値の物差し」「幸福の基準」を捉えなおしてみましょう。

今、軽く目をつむって、「私の本体は、この、見えない、いのちのはたらき」「私の本体は、たましいの動き」と、二、三度、つぶやいてみましょう。

そして「見えない、いのちのはたらき」「たましいの動き」の側に視点を置いて、人生全体を捉えなおしてみましょう。……すると、ほんの束の間の「仮の宿」でしかない「この世」のまなざしに縛られ、煩わされ、それを物差しとして生きるのは、本来の「いのちのはたらき」、本来の「たましいの動き」を犠牲にして生きる、愚かな生き方のように思えてくるかもしれません。

「この世のまなざし」「世間的な価値基準」に縛られ、それに惑わされて生きるよりも、（「この世を凌《しの》ぐ術《すべ》」は、それはそれとして大切にしつつも）「本来の、いのちの流れ」「たましいのリズム」に従って生きていくことのほうが、人生にとってずっと、本来的（オーセンティック）なものであることがわかってくるでしょう。

もちろん、「本来の、いのちの流れ」「たましいのリズム」といっても、それは、人によってさまざまです。

ある人にとってそれは、「水のようにサラサラと、滞ることなく、流れるように生きる」ことを意味するでしょう。

また別のある人にとってそれは、「何かに徹底的にこだわりぬき」「執着しぬいて」生きていくことを意味するでしょう。

転職すれば何千万という収入が手に入るかもしれないにもかかわらず、まったく儲けにつながらない仕事を、毎日コツコツとたましいを込めておこなうことが、「たましいの自己実現」につながる人もいるでしょう。

交際や結婚をしようと思えばいくらでもできる、ある美しい女性が、どうしても思いを寄せてしまう男性がいる。さまざまな条件が整わずに、いっしょになることはできないものの、その男性に思いを寄せ続ける。十年も、二十年も……。たとえ生涯独身で、愛する人と一度も結ばれることがなくても、それがこの方の「たましいの自己実現」なのかもしれません。

社会的に成功するチャンスを犠牲にしてまで、たましいを満たしてくれる仕事にひたすら打ち込み続ける……。

ある女性が、しあわせな結婚生活を犠牲にしてまで、どうしても心惹かれるある人を愛し続ける……。

ある作家が、三日三晩、寝食も忘れて、まるで何ものかにとり憑かれたかのようにして、作品を書き続ける……。

このような精神行為の過剰さ、その「過剰な濃密さ」において、たましいのリズムは、立ち現れます。過剰なまでに濃密な精神行為の、いわば残余として、たましいのリズムは形を成してくるのです。そしてそのようにして、内面的に濃密に生きられた時間は、時間の座標軸に永遠に刻印され続ける（フランクル）のです。

「スピリチュアル・カウンセリング」とは、「たましいの次元の幸福」の援助

「スピリチュアル・カウンセリング」では、このような「見えない、いのちのはたらき」「たましいのリズム」に立脚点を置きます。そのため、「世間的な物差し」による「いわゆる、幸福」（＝自我実現）の援助以上に、（それはそれとして、大切にしながらも）、その人の心が深いところで、どうしてもそのように動いてしまう「たましいのはたらき」を支えていきます。

現実社会への適応や一般的な幸福、自我の実現を支えながらも、と同時に（ある意味ではそれ以上に）、「たましいの自己実現」「たましいの次元の幸福」、より具体的に言えば、「たましいの深いところで納得感が得られる人生」を送れるように援助をおこなっていきます。たとえそれが、この世的な物差し、一般的な社会の幸福の基準から見れば、「不幸」であり、「逸脱」であり、「不適応」であったり、「過剰」（アディクション）であったとしても……。

「スピリチュアル・カウンセリング」では、クライアントの方が（本人がそう望むのであれば）、たとえ一般的な幸福を犠牲にしてでも「たましいの深いところで納得感が得られる生き方」を求めていくこと、「たましいそれ自体が求めていく方向に向かって生きていくこと」を援助するのです。

なぜなら、カウンセラーのそうした構えが、クライアントの方が、一般的にみれば決して幸福な人生を歩むことができずにいるとしても、こころの深いところでの充足感や納得感、「私はたましいの深いところの動きに忠実に生きてきた」という感覚を得るのを支えることにつながっていくからです。

つまるところ人間は、「自我次元のこころの軸で、上手に生きている人」と、たとえ不器用でも「たましいの動きを優先して生きている人」の二種類に分かれるのではないか、と先に言いました。

どちらがいい、という問題ではありません。

しかし私自身は、たとえ失うものが多くても、後者のように生きたい、と思っています。というより、私自身もそのようにしか生きることができないし、また、そのように生きてしまう人たちの応援をしていきたいと思っています。

「スピリチュアル・カウンセリング」は「たましいの次元の幸福」の援助をおこなっていくのです。もちろん、通常のカウンセリング同様に、クライアントの方の悲しみや苦しみに寄り添い、症状の除去や緩和をはかり、抱えておられる悩みや問題の解決を援助していきます。けれども同時に、直接的な問題解決（自我のサポート）以上に、「たましいの次元の幸福」をより重要視し、それを志向してカウンセリングを進めていきます。そこに「スピリチュアル・カウンセリング」の独自性があるのです。

私のこの考えは、「スピリチュアル・カウンセリング」を、「心理学的な次元とスピリチュアルな次元の接点」と捉えるスペリーの考え方に近いと言えるでしょう（図1-1参照）。

「スピリチュアリティ」という視点は、カウンセリングや心理療法に、密室主義・閉鎖主義の殻を破って、より社会に開かれていくことを要請する。「スピリチュアル・カウンセリング」は、スピリチュアルな支え合いのネットワークづくりによる、社会変容志向、世界変容志向のムーヴメントでもある。

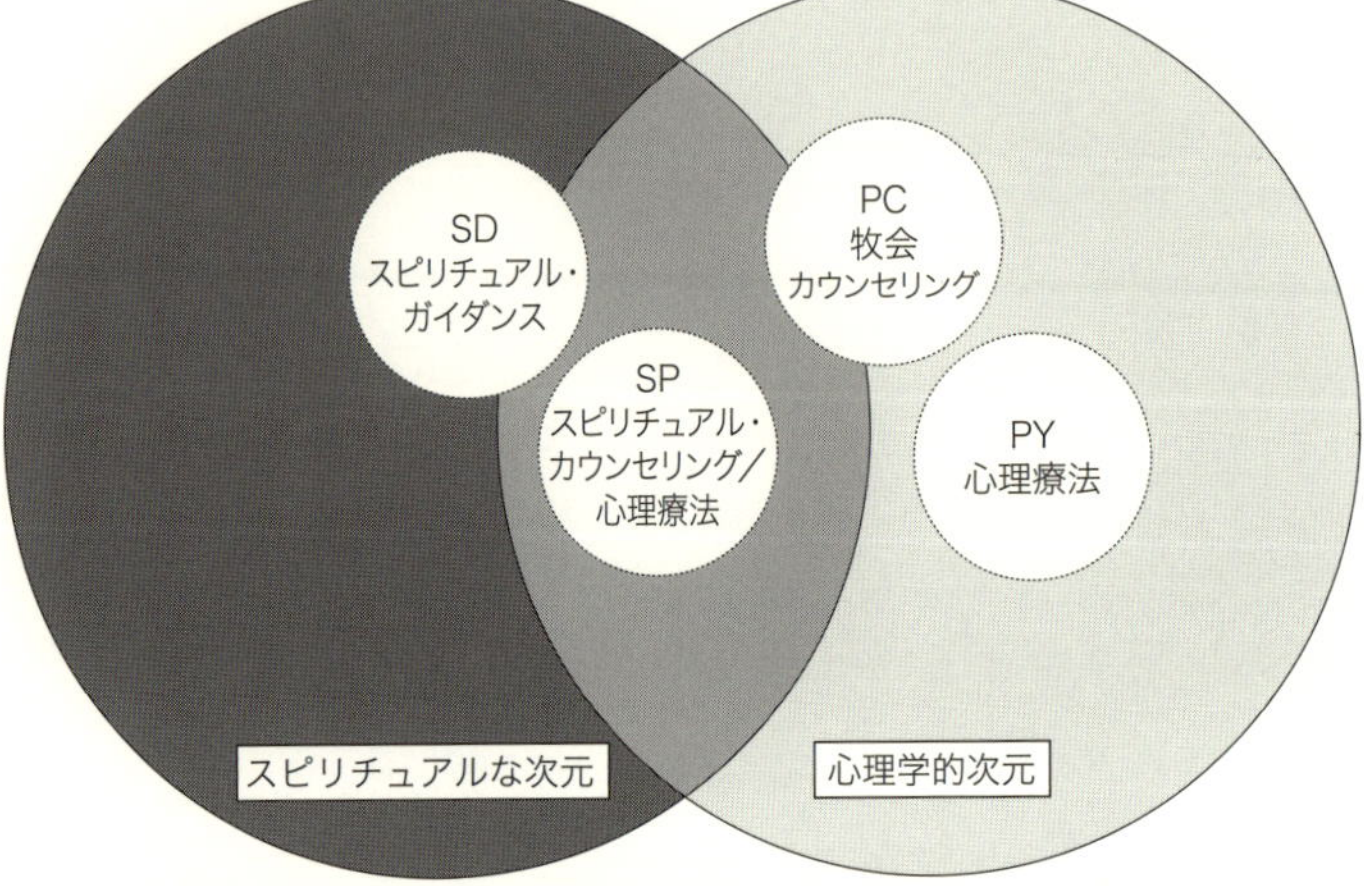

図 1-1　スピリチュアリティ志向のカウンセリング／心理療法（SP）、スピリチュアル・ガイダンス（SD）、心理療法（PY）、牧会カウンセリング（PC）の関係（Sperry、2001）

その具体的なアプローチとしてたとえば

①現代人の多くが抱える、軽うつ（人生の意味や方向感の喪失）、社会の無縁化による孤独、子育てや介護の苦しみ、老いや病、死に直面するたましいの痛み、仕事依存、恋愛依存、ネット依存をはじめとしたさまざまなアディクション（依存症）、婚活の失敗によるうつ……こうした悩みを抱えた者同士が集い、お互いを支えていく「サポート・グループ」や「セルフヘルプ・グループ」

②「総うつ社会」「無縁社会」「格差社会」「環境問題」「差別の問題」など、現代社会の「闇」や「影」の部分への、自覚を深めていく、深層グループ・アプローチとしての「ワールドワーク」

などがある。これらをはじめとしたさまざまなグループ・アプローチを、学校や保育園・幼稚園、お寺、神社、教会、病院、公民館などの「地域に開かれた場」でおこなっていく。それによって、直接的には、悩みを抱えた個々人の「自己探索」や「自己変容」を支えながらも、それにともなって自然発生的に生じていく「社会変容」、さらには「大規模な集合的変容」（世界変容）を目指していく。

個々人の悩みや問題への取り組みを通して生じた深い「スピリチュアルな目覚め」が、新たな観念を生成させ、そこで生成された新たな観念が新たな社会や世界の在り方を形づくることにつながっていく。

スピリチュアルなアプローチのもう一つの特徴は、（たとえば、従来の心理学の枠組みで言えば、人間性心理学やトランスパーソナル心理学、特にロジャーズのパーソン・センタード・アプローチやミンデルのプロセスワークに特徴的なのは）大規模なグループ・アプローチを用いる点にあります。個人の抱える悩みや不全感を個人カウンセリングで支えると同時に、その問題を同時にその人が属する組織、社会や文化の問題でもあると見てかかわっていくのです。個人の変容の向こうに、社会の変容、世界の変容を見て取りながらかかわっていくのです（人間性心理学やトランスパーソナル心理学などのスピリチュアルな心理学に、こうした社会変革志向性が強いことの背景には、それが、エマソン、ソロー、ホイットマンらの米国トランセンデンタリズム〈超越主義・

ヨーロッパに起源を持つプロテスタント的伝統に対抗して、自然を賛美し、自然との神秘的一体感を強調する思想〉に、間接的にであれ、大きな影響を受けていることと関係しているでしょう。米国生まれのこの、トランセンデンタリズムは、壮大な宇宙論を展開した独自の宗教哲学であり宗教心理学でもあるパースやジェイムズらのプラグマティズムへと発展・継承されていきます。そしてこのプラグマティズムは、高い理想を抱き追求する個人が、同様の理想を共有する他者とつながり、「革新的で理想的なコミュニティ形成」を通して社会を変革していこうとする姿勢の強い米国独自の思想運動でした。人間性心理学やトランスパーソナル心理学の持つ社会変革志向性は、それがこうした性格を持つ「米国トランセンデンタリズム／プラグマティズムの現代心理学バージョン」でもあることと深く関連しています)。

プロセスワークのセラピスト、ゲアリー・リースの著書のタイトル『自己変容から世界変容へ』が、こうした特徴を端的に示しています (Reiss, 2000)。

また、トランスパーソナル心理学の代表的な論客の一人、ショーン・ケリー (Sean Kelly) は、「サトル・アクティビズム」(subtle activism) という考えを提唱しています。これは、インターネットなどを通して、同じ志を共有する人々が、たとえば3・11東日本大震災などの大きな惨事が起きた時などに世界で同時に瞑想《めいそう》することを通して、自らの微細な意識に取り組むと同時に、世界の治癒と変容とに社会活動家として積極的に働きかけていこうとする立場です。

現代人は、多くの共通した悩み、苦しみを抱えています。

◆人生の意味や方向感の喪失、それにともなう「軽うつ」
◆社会の無縁化による孤独
◆子育てや介護の苦しみ
◆死や老い、病に直面するたましいの痛み
◆仕事依存、恋愛依存、ネット依存をはじめとした、さまざまなアディクション（依存症）
◆「終らない婚活」「終らない就活」といった、長期にわたって継続する挫折にともなう心の傷み

ほかにも、現代人の多くが共有しているさまざまな悩みや問題が存在します。

問題の背景には、現代人が共有している「不全感」「自分で自分に納得できないまま、生きている感じ」「生きていることの不確かさ」や「手ごたえのなさ」の感覚、「人生の方向性喪失の感覚」「たえず付きまとう、漠然とした空虚感、無意味感」などがあります。そして、こうした「生きていることの不確かさ」や「不全感」の根っこには、本書の冒頭で引用したミンデルの言葉が指摘しているように、「スピリチュアルな次元とのつながりの欠如」という問題が存在しています。

そしてこれらは、日本のみの問題ではなく、先進諸国、否、ある程度文化が進んだすべての国において共有されている問題です。それはいわば「日本の影」であると同時に、このグローバル化された世界における「グローバルな影」でもあるのです。

個人カウンセリングに真摯《しんし》に取り組んでおられる方であれば、どの方もすでにお気づきのように、どのような個人的な問題も、個人の問題であると同時に、この社会、この世界の「影」でもあります。元型派の心理学者であるジェームズ・ヒルマンは「〈世界のたましい〉が病んでいるときに、いくら個人心理療法をおこなったところで、その感染力にはとても力及ばない。〈世界のたましいの病〉そのものを治癒しなくてはならない」と個人の内面偏重の姿勢を厳しく批判しています（Hillman & Ventura, 1993）。

また、ミンデルも「シティ・シャドウ」（都市の影）という概念によって、個人の病理の背景にそれを生み出している現代社会の文化の歪みを見て取り、そこに積極的に働きかけようとしていきます。そしてその解決のためには、その問題をめぐる「さまざまな立場」に同時に立脚しながら、さまざまな立場が対立する「炎の中で瞑想する」（sitting in the fire）ことができるファシリテーターを養成することが急務だと言います。

こうしたことの重要性は、多くの臨床家がとうの昔から気づいていたことでしょう。にもかかわらず（と私は思うのですが）、従来のカウンセリングや心理療法はあまりに閉鎖的で密室主義でした。もちろん個人カウンセリング、個人心理療法においてはその「枠」を守ることが、カウンセリングをカウンセリングたらしめ、心理療法を心理療法たらしめる不可欠の前提となっています。

しかし、カウンセラーや心理療法家が真の意味で「こころの専門家」として、かつての宗教にとって代わるような、多くの人の心を支えうるものとなるには、地域や社会に対してもっとオープンな姿勢をとっていかなくてはならないでしょう。そしてそこで求められるのが、同じ問題を共有している人びとが集う場でのグループ・アプローチであり、スピリチュアリティという視点だと思います。

具体的な場所としては、学校や保育園・幼稚園、寺院、教会、病院、公民館などの、多くの人にとって身近な「地域に開かれた場」がいいでしょう。文化人類学者の上田紀行氏によれば、全国には、お寺だけで七万六千カ所と、実にコンビニの二倍、公民館の四倍もあるそうです。これに加えて、学校や保育園・幼稚園、教会、病院など……いくらでもあります。

「面接室」と並んで、私たちカウンセラーの大切な「臨床の場」として、これらの場を活用できるはずです。そこで、軽うつ（人生の意味や方向感の喪失）や、社会の無縁化による孤独、子育てや介護の苦しみ、死に直面するたましいの痛み、仕事依存、恋愛依存、ネット依存をはじめとしたさまざまなアディクション（依存症）、恋愛や結婚をめぐる苦しみなど、多くの人が共有している問題を扱う「サポート・グループ」や「セルフヘルプ・グループ」をおこなっていくのです（個人の問題⇒社会の影）。あるいは、よりダイレクトに、「総うつ社会」「無縁社会」「格差社会」「環境問題」「差別の問題」など、現代社会の「闇」の部分、「影」の部分への自覚を深めていく「ワールドワーク」（社会の影⇒個人の気づき＝アウェアネス）をおこなっていくのです。そのファシリテーターとして、カウンセラーは活動する場を得ることができるはずですし、またそうあるべきです（ただし、ワールドワークの創始者、アーノルド・

ミンデルも言うように、このワークのファシリテーターには、対立する人間の、どちらの立場にも立ちながら、同時に、その場で起きていることをより深い、微細な意識で感じ取って、次第に自分自身が「その場（フィールド）自体」になっていき、グループ間の対立の解消に役立てていく、という大変高度な技能が求められます。今、間違いなく、そうしたファシリテーターが世界の到るところで必要とされているのですが、その養成は容易ではありません）。

今、この原稿を書いているのは、二〇一一年四月一一日……あの東日本大震災から一ヵ月経った時点です。たとえば、北九州市では、それ以前からも、市とNPOが一体となって「〈絆〉プロジェクト　北九州」を結成し、生活相談や自立支援など、「無縁化」問題に取り組んでいましたが、大震災の被災者の受け入れも積極的におこなっているようです。お寺や教会でも、被災者を支えるために尽力されているところは少なくありません。

多くのつながりを失って、一人、喪失感に苛まれている……こうした状況にある人を支えるのに、スピリチュアルな視点を持った専門家による支援が必要であることは、論を待たないでしょう。

社会が「無縁化」し、孤独な人びとが増えている今こそ、カウンセリングや心理療法は、社会に開かれたロール（役割）を持つ存在として再生していくべきです。それができなければ、カウンセリングや心理療法はいずれ、現代社会の中で真に果たすべき役割を果たせないまま、この先、見捨てられ、衰退していく運命にあると私は感じています。

「自己変容から世界変容へ」……これが、カウンセラーの役割だというと、何か、絵空事を言っているように感じられる方もおられるかもしれません。

しかし、ジェームズ・ヒルマンも言うように、「ファンタジー（想い）が現実を創る」のです。私たちカウンセラーがまず、こうした大胆な「ビジョン」と「想い」「志」を共有することで、社会の中に「カウンセラー」や「セラピスト」という存在に対する「新たな観念（イメージ）」が生成されていくことでしょう。そしてそこで生成された観念が、これからのカウンセリングや心理療法の在り方の現実を形づくっていくのです。

第2章

「スピリチュアル・カウンセリング」の基本的な考え

――〈いのちの流れ〉のカウンセリング

「自我を超えた働き」「おのずと発する〈いのちの流れ〉」に従うカウンセリング

「自我の次元の幸福」と「たましいの次元の幸福」、「自我の次元の自己実現」と「たましいの次元の自己実現」を区分する考えについてお話ししてきました。

もちろんこの区分もあくまで便宜上の相対的な区別にすぎません。私自身もそうですが、実際の人生は、そのいずれかの、一色のみに染まったものではありえません。

自らの内奥のこころの声に耳を澄ませつつ生きていくことは、もちろん大切です。しかし、日々の人生を生きていくためには、それればかりでは、いられません。声に出して言いたいことがあっても、ここで言葉にすることは得策ではないと（損であると）判断して、ぐっと我慢して、言葉にしないこともあるでしょう。

下手なトラブルに巻き込まれて、人生の大切な時間を無駄使いしないためにも、「自我」（頭）をうまく機能させ、それなりに損得勘定しながら生きていく知恵は、当然ながら必要です。カウンセリングにおいても、クライアントの「補助自我」の役割をカウンセラーが果たす必要が生じることがしばしばあります。

実際の人生においても、カウンセリングにおいても、「自我の実現」「自我のサポート」は、とても重要な意味を持っています。

ここで論じたいのは、「カウンセラーの基本的な構え」の問題です。

私たち、カウンセラーも日常生活においては、たとえばAという商品を買うのであれば、同じ類のお店でも、○○よりも、▲▲のほうが得だ、といった損得の判断をします。

これが「自我」の働きです。日常生活における日常的な意識状態は、「自我」が中心の意識状態なのです。

しかし、こうした日常的な意識状態をそのままカウンセリングの場に持ち込むことはできません。クライアントの方は、人生が、「自我」の都合のいいように進んでくれないことに悩み、苦しんでいるからです。

スピリチュアル・カウンセリング（スピリチュアリティの次元に開かれたカウンセリング）をおこなっていくうえでの「カウンセラーの基本的な構え」を考えるために、ここで再び便宜上、人間の「こころ」の働きを、「自我」（私）と「自我を超える働き」（私でない何か）に分けることとします。すると、カウンセラーの構えも、そのいずれを重視するかによって、相対的に分かれることになります。

一つは、「自我」の立場から「自我」のために「自我」の都合のいいように進めていくカウンセリングです。これを「自我中心のカウンセリング」と呼ぶことにします。

「はやく働けるようになりたい」「学校に行けるようになりたい」「息子の暴力をなくしたい」「腹痛

をなおしたい」といった「問題解決」や「症状の除去や軽減」を第一義とし、「自我（の欲望）」の都合を優先しその実現を目指す立場です。

一方、人間のこころには、自我の都合とは無関係に、言わば勝手に、自ずと生まれてくる（自然発生的な）こころの働きがあります。自我の側の「こうしたい」「こうあればいいのに」という希望や願望とは無関係に、自ずと生じ、それ自体意思を持っているかのように働く「自発的なこころの働き」です。

いずれにせよ、それは、自我の都合とは無関係に、いわば勝手に、自ずと生じてくる「何か」です。自我のほうから見れば、それが「何であるか」は「よくわからない」ような、あいまいな「何か」です。しかしそこに、何か重要な意味があることはわかる「何か」……。言葉以前、イメージ以前、夢以前、でありながら、そこから言葉やイメージや夢が生まれてくる「何か」。一見、何の摑《つか》み所もなく、ただ混沌としているように見えるけれども、そこに強いエネルギーを感じ、そこから何かが生まれてくる予感のする、微細な「何か」。ある意味では、それは、自我を超えたところで働く、もう一つのこころの主体、「根底的主体の働き」とでも呼べるような「何か」です。

私はこうした「こころの働き」を、それが、「自我の都合とは無関係に、いわば勝手に、自ずと生まれてくる（自発的な）こころの働き」であることから総称して「自ずから発するこころの流れ」とか、「自ずから発するいのちの流れ」と呼んでいます。

また、別のときには、それが、自我のほうから見れば、それが「何」であるかは「よくわからない」あいまいな「何か」であることから、ただシンプルに「X」と呼んでいます。

「スピリチュアル・カウンセリング」とは、一言で言えば、それがクライアントの側から発せられるものであれ、カウンセラー（セラピスト）の側から発せられるものであれ、この「自我の都合とは無関係に、自ずから発するいのちの流れ」に自覚的に従っていくことを第一の原理とするカウンセリングのことです。

自我によらず、自我を「超え」、それ自体で自発的に働いている（その意味で個を超えている＝トランスパーソナルな）「何か」、言葉以前、イメージ以前、夢以前でありながら、そこからすべてが生まれてくるこの「微細な何かの働き」そのものの視点に立ち、そこを立脚点として取り組んでいくカウンセリングのことです。より正確に言えば、それは、「自我」の視点にも立ちながら、同時にまた、この「微細な何かの働き」の視点にも立つカウンセリングです。

具体的な場面においては、クライアントにおける「自我」とこの「何か（X）」との自己内対話となることもあるでしょう。その場合、クライアントのうちなる自己内対話を通して、「何か（X）」を「自我」に「統合」しようとするのではなく（こうなると結局、「自我中心のカウンセリング」になってしまいます）、逆に、「自我」がこの「微細な〝何か〟の働き」の声に耳を傾け、自我が「Xそれ自体のために」仕えるような仕方でおこなわれる自己内対話であることが大切です。あくまでも「私（自我）」のためにではなく、「何か（X）」のため、「おのずから発するこころの流れ」のため、たましいのために、そちら（X、たましい、おのずから発するこころの流れ）のほうを立脚点としていく。それが、私の考える「スピリチュアル・カウンセリング」の基本的な姿勢です。

「スピリチュアル・カウンセリング」とは、このように、それがクライアントの側から発せられるものであれ、カウンセラー（セラピスト）の側から発せられるものであれ、自我の都合とは無関係に、言わば勝手に生まれてくる「おのずから発するいのちの流れ」、自我の側の「こうしたい」「こうあればいいのに」という希望や願望とは無関係に、おのずと生じ、それ自体意思を持っているかのようにはたらく「自発的なこころの働き」、自我のほうから見れば、それが「何であるか」は「よくわからない」、しかし、そこに何か重要な意味があることはよくわかる、あいまいな「何か（X）」に立脚点を置き、それに自覚的に従っていくことを第一原理とするカウンセリングです。

こうした原理に立つカウンセリングでは、カウンセリング場面に浮上してきた「よくわからない何か（X）」――「突然わいてきたイメージや直観、衝動」「なぜかふとしてみたくなった動作」「理由もなく生じてきた違和感」など――こそが重要だと考えます。これはユングが『心理学と錬金術』で紹介している「曖昧なることを説明するのに一層曖昧なることを以って」する、という「錬金術」の基本的な考えに通じるものです。

石川（二〇一一）は、本書で言う「何か（X）」に相当するものを、心理療法の文脈において「非個人的な何か」(Somethig Impersonal) と呼び、その例として、「心理療法を実践していると、あらかじめ自分の内側に保持してあった記憶、既知の知識、技法や着想などではなく、どこからともなく思いつかれる着想や直観、理由もわからずにただ感じられる感覚や強い印象、不意にやってくる感情やイメージに出くわす。場合によっては、深い知恵や慈悲のようなものが泉のように湧き出すということもある。あるいは、治療外の場面で、偶然とも必然とも取れる意味深い出来事や事件が起き、それが治癒の鍵となる場合などをあげています。そしてこうした「非個人的なものは、セラピストやクライエントの自我が支配できる領域の外側からやってくるもので、当人自身もそれが一体どこから来たのかよくわからない場合も多い」のだが、「自分の知識や技量に頼って格闘した場合よりも、非個人的な何かに心を開き、流れに乗ったときのほうが、心理療法はパワフルで満足のいく結果になる。もしそうだとすれば、心理療法においてセラピストやクライアントの自我は脇役であり、そこに立ち現われる非個人的なスピリチュアリティが主役なのだといえる。心理療法においては、しばしば議論されている技法よりもむしろ、隠れた主役であるスピリチュアリティといかにつきあい、活用できるかのほうがより重要なポイントになると思われる」と述べ、心理療法において現象学的態度を保つ必然の結果として「心理療法はスピリット・センタード・セラピーであるべきである」との主張をおこなっています(石川のこの指摘を、私は本書を半ば書き終えた時点で知ったのですが、若干のニュアンスの違いこそあれ、近い考えのように思いましたので、紹介させていただきました)。

「スピリチュアル・カウンセリング」は「自然《じねん》モデル」のカウンセリングである

「おのずから発するいのちの流れ」を立脚点とし、それに自覚的に従っていくことが、「スピリチュアル・カウンセリング」の第一原理です。

そう考えると、これは、河合隼雄氏がかつておこなった分類に倣えば、氏の言う「自然《じねん》モデル」に最も近い、ということができるでしょう（河合隼雄、一九九二）。

河合隼雄氏は心理療法のモデルとして、次の四つを挙げました。

①「医学モデル」：症状↓検査・問診↓病因の発見（診断）↓病因の除去・弱体化↓治癒
②「教育モデル」：問題↓調査・面接↓原因の発見↓助言・指導による原因の除去↓解決
③「成熟モデル」：問題、悩み↓治療者の態度により↓クライエントの自己成熟過程が促進↓解決が期待される
④「自然《じねん》モデル」

医学モデルと教育モデルは、（ちょうど医師や、生徒指導担当教師の多くがそうするように）クライアントの苦しみの原因を明らかにして、その結果を除去しようとします。

たとえば、医学モデルでは、不摂生（原因）の結果、胃に潰瘍ができていたら外科医がそれを取り除きます。同様に教育モデルでは、家族の不和（原因）の結果、生徒が不登校になっていたら、その生徒が登校できるようにします。

これらに対して、カウンセリングや心理療法、特にロジャーズ派やユング派などのカウンセラーの多くは、③の成熟モデルを採用してきました。カウンセラーが目指すのは、クライアントが自らの悩み苦しみと直面することを通しての「人間としての成熟」です。その「人間としての成熟」の結果、クライアントが抱えている問題がおのずと解決されていくことが「期待」されるのです。

このモデルでは、たとえば、家族の不和で悩んで母親が相談に来た場合、母親のカウンセリングを通して、他の家族の心の安定や成熟を支えていきます。その結果、不登校の子どもが登校できるようになることが「期待」されるのです。けれども、それを直接目指すのではありません。場合によっては、不登校の子ども自身が不登校体験によって大きな人間的成長の機会を得ることを、再登校よりも重視することもあります。

「成熟モデル」では、問題解決や症状の除去が直接は目指されておらず、「医学モデル」や「教育モデル」と大きく異なる点です。多くのカウンセラーが現在とっているモデルであると言えるでしょう

（認知行動論的な立場の方の中には、成熟モデルよりも、医学モデルや教育モデルのほうがしっくりくる方もいるかもしれません）。

「おのずから発するいのちの流れ」の側に立ち、それに自覚的に従っていくことを第一原理とする「スピリチュアル・カウンセリング」は、④の「自然《じねん》モデル」に立つカウンセリングです。「自然《じねん》モデル」で前提とされている「自然の道《タオ》」は、ここで言う「おのずから発する、見えない、いのちの流れ」のことであり、ミンデルも言うように、この「プロセス＝流れ」こそ、あらゆるスピリチュアルな伝統の本質をなすものです。

しかし、「自然《じねん》モデル」は、一風変わったものの見方をします。河合（一九九二）は「自然《じねん》モデル」の例として、ユングが中国研究者のリヒャト・ヴィルヘルムから聞いた「雨降らし男」の話を挙げています。

ヴィルヘルムが中国のある地方にいる時に旱魃《かんばつ》があった。そのとき招かれた「雨降らし男」は、そこいらに小屋をつくってくれと言い、そこに籠った。そこで雨が降り出すのだが、それについて、雨降らし男は「自分の責任ではない」と明言し、「ここでは、天から与えられた秩序によって人びとが生きていない。したがって、すべての国が「道《タオ》」の状態にはない。自分はここにやってきたので、自分も自然の秩序に反する状態になった。そこで三日籠って、自分が「道《タオ》」の状態になるのを待った。すると自然に雨が降ってきた」と説明した。

……（中略）……「雨降らし男」は、自分には責任がないと言っている。つまり、彼が何かをしようとしたのではない。彼はしかし「道《タオ》」の状態になろうと努力した。「すると自然に」雨が降り出した。心理療法の場合も同様ではなかろうか。治療者は「道《タオ》」の状態になろうと努力する。すると自然に治癒が生じる。（河合、一九九二）

ここで私が、たいへんに重要だと思うのは、「雨降らし男」が、「天から与えられた秩序によって人びとが生きていない、ある地方」に行ったとき、「自分はここにやってきたので、自分も自然の秩序に反する状態になった」と言っている点です。

私たちカウンセラーがお会いするクライアントの方の多くも同様に、その方が、おそらく天から与えられているであろう「自分本来の秩序」とは、反する状態になってしまっています。その方とお会いすると、カウンセラーは「雨降らし男」と同じように「自分も自然の秩序に反する状態になる」はずです。

それほどまでに、カウンセラーは、クライアントのこころの世界にコミットしなくてはならない、クライアントのこころの世界に浸りきらないといけません。

「雨降らし男」は、おそらく、この地方にやってきたとき、そこにいるだけで感じ取ることのできる「微細な、違和感」を感受したはずです。そして、それを可能とするためには、本気で、その場に漂っている「空気」「雰囲気」にみずからをチューニングし、入り込んでいったはずです。

これと同じように、カウンセラーも、クライアントのこころの世界に本気でコミットし、本気で入り込まなくてはいけません。力は抜けていても、クライアントといっしょにいるときにその場に漂っている「空気」「雰囲気」にチューニングし、入り込んでいくことができなくてはなりません。そしてそこで、自分自身に生じてくる「微細な、違和感」を感受することができなくてはなりません。カウンセリング／心理療法は、ある意味では、ここから始まるのだと言えます。

これは、従来のカウンセリング／心理療法の文脈で言うところの、「逆転移」に自覚的になることとも言えます。

「雨降らし男」は、その地方にいるだけで、自分も自然の秩序に反する状態になりました。次に紹介する、藤見（二〇〇五）の「感染する（セラピストの）身体」という事態も、これに通じるところがあります。

以下は、藤見がおこなったある夫婦カウンセリングの場面の引用です。

ある夫婦カウンセリングの場面

ゆったりしたいのだが、「（内なる）教師の目」がじゃまをして、そうできないと訴える夫（教師）

の話に耳を傾けていた時のこと。ふと気づくと筆者の右手首がせわしなく左右に動き始めている。それに気づいた私は、夫婦に断り、せわしなく動いている右手首に注意を向けていく。すぐに左手首でも同じようにしたくなり、さらには全身をものすごいスピードで小きざみに震わしたくなる。そうした身体感覚に意識を向けていくと「イライラする」という言葉が口をつきそうになる。

「あなたがたのどちらか、もしくはご家族の中にものすごくイライラしている方はいらっしゃいませんか」

「一番下の子です。一番下の子が最近とてもイラついています」と驚いた様子で答える妻。うなずく夫。

二人の話を聞いて私は驚きを隠せなかったが、気持ちが未完了なままであることにも気づいていた。そこで、続いている身体の感じに従う許可を両親に求め、全身でイライラを表現していく。すると今度は全身がモーレツにかゆくなるのではないか。「かーゆい、かゆい、あーたまらない！」と心の中で叫んでいることに気づく。「アトピーとアレルギー体質の人は？」夫婦は顔を見合わせ、「ハイ、その子が三歳の時まで、大変なアトピーでした」「でも先生、どうしてわかったのですか」（藤見幸雄、二〇〇五）

「雨降らし男」が、その土地にいるだけで、自分も自然の秩序に反する状態になった、と言うように、セラピストである藤見の身体も、クライアントといるだけで、自ずと、手首を震わせたくなったり、全身が猛烈にかゆくなったりしています。藤見は、このように、セラピストの身体がクライアントの身体症状に「感染」し「融合」することを重要視して、セラピィの重要な要素として取り入れています。

「セラピストは望む望まないにかかわらず、クライエントの症状や病に、すでに、常に融合し、感染している。それは避け難い。問題は……（中略）……すでに生じている融合や感染を意識化できるかどうかという点にある」（同）

「セラピストの感染」という表現は相当に強烈ですが、それは、カウンセラーがクライアントの内面の深い世界に真につながり共感できているときに「自然と起こること」だと私は思います。「雨降らし男」が、その地方にいるだけで、自分も自然の秩序に反する状態になっていったのと同じように、です。

「……」という沈黙の時間に、「何ものか」からのメッセージが送られてくる

「スピリチュアル・カウンセリング」の第一原理は、「おのずから発するいのちの流れ」を立脚点とし、それに自覚的に従っていくことです。そこで、「おのずから発する何か（X）」は、自我の側から見れば、独特の「あいまいさ」「わからなさ」を抱えています。それは、プロセスワークやフォーカシング指向心理療法で使われる「エッジ」（edge――意識や体験の辺縁）という概念によくあらわされています。

「エッジ」とは、セラピィのプロセスがそこで立ち止まらなくてはならなくなる地点のことです。そこでは、言葉もイメージも動作も止んで、ただ沈黙と空白だけが支配します。この「エッジ」こそ、セラピィやカウンセリングの急所なのです。

「自我」はそこで立ち止まり、ただ、エッジのほうから何かが生成されてくる（言葉やイメージや動作がふと出てくる）のを「待ち」ます。

たとえばカウンセリング場面においては、クライアントの方が、それまで話していた話の流れを突然、中断させ、

「うん…………う…………(7分経過)…………うん…………うん…………んん？　…………」

と黙り込む、沈黙の時間が訪れることが、しばしば、あります。

そして、この沈黙の時間にこそ、最も濃密なスピリチュアリティがカウンセリング・ルーム全体に充満していると感じられることがしばしば、あるのです。

クライアントが自分の内面に深く降りていき、そこで「何か」を探す、言葉にしようとしてもならない「…………」の場面。その「…………」においてこそ、スピリチュアリティが満ち溢れ出してくるのです。

こうして、スピリチュアリティが充満する長い沈黙の後、「自我」(私)を超えた「何か」から、自我へとメッセージが届けられてきます。自我はその「何か」のメッセージを聴くのです。

たとえば、その「何か」が身体症状である場合を考えてみます。

「お腹が痛くなるから学校に行けない」と訴えてくる中学生に対して、リラクセーションによって腹痛を除去し学校復帰(自我の願望)を支援することもできるでしょう。もちろん、それも有効な支援策の一つです。

しかし、スピリチュアルな観点に立つとき、症状の除去に終始するのでなく、むしろその「腹痛の訴え」に耳を傾け、「切るような腹部の痛み」に潜んでいる「たましいの願い」(例：自分をがんじがらめにしている両親との関係を切り刻みたい)が成就していくように、そちらを重視して、カウンセリングをおこなっていくのです。

「誰もいない空間」の中で、ふと、気づきがもたらされる

そのとき、カウンセリングの場は、次第に、「ひとりでいるような、ふたりでいるような」「ふたりでいるような、ひとりでいるような」そんな場となっていく……。そしていずれそこは、「誰もいない」空間となる。

カウンセラーとの関係のなかで、多くのクライアントは最初、「何とか、わかってもらおう」と多くの言葉を語ります。しかし、「十分にわかってもらえた」と感じて、自らの内面深くに意識を下していくと、クライアントは「……」という沈黙のなかで、手探りで言葉を探しながら、ぽつり、ぽつりと言葉を発していきます。そのとき、クライアントは「ひとりでいるような、ふたりでいるような」「ふたりでいるような、ひとりでいるような」そんな関係の溶解を体験しはじめます。

そして、さらに内面探索を深めていくとき、クライアントの意識においてカウンセリングの場は、「もう自分すら、いない」「誰もいない空間」となっていきます。その「誰もいない空間」のなかで、

クライアントの意識に、「……」という沈黙の中から、言葉にならない気づきがふと、届けられます。その瞬間、カウンセリングの場は、スピリチュアリティに満ち溢れるのです。

面接空間そのものがたましいを宿し始める

「スピリチュアル・カウンセリング」においては、面接中に実際に「祈り」や「瞑想」などをおこなうこともある。しかし、より重要なのは、カウンセリングの場そのものが「祈り」の場や「瞑想」の場となることである。

このとき、カウンセリングはおのずと「スピリチュアル・カウンセリング」となる。クライアントは、みずからの内奥のスピリチュアリティとつながり、カウンセラーの内奥のスピリチュアリティとつながる。さらには、カウンセリングの場全体を守り包み込むスピリチュアリティとつながっていく。

スピリチュアリティとのつながりを何よりも大切にする姿勢――これ以上に、「スピリチュアル・カウンセリング」において重要なものは、何もない。スピリチュアルな手法を用いることやスピリチュアルなテーマについて語ること以上に、「カウンセリングの場全体」が「スピリチュアリティが顕現する空間」となっていくような「姿勢」でカウンセリングをおこなうこと。それが、「スピリチュアル・カウンセリング」の最も重要な点である。

先ほど、カウンセリングにおける「沈黙」の時間にこそ、最も濃密にスピリチュアリティが顕現すると言いました。カウンセリングの流れのなかで、「明示的な言葉」がそこで立ち止まり、「ん……………ん……………」という「沈黙」が支配する時間こそ、「たましい」がみずからを語り始める時間なのです。

「スピリチュアル・カウンセリング」において最も重要な点は、クライアントの「たましい」が自らを語り、「スピリチュアリティが顕現する場」となっていくようにカウンセリング空間全体を支えていくことです。

すると、クライアントはみずからの内奥のスピリチュアリティと深く、静かに、つながっていきます。そして、深くつながることができたならば、あとは、スピリチュアリティがみずから語っていくのを、クライアントとカウンセラーが共々に聴いていく。耳を傾けていくのです。

クライアントはまず、自身の内奥のスピリチュアリティとつながり、それがみずからを語るのを聴こうとします。カウンセラーのこの時点での役割は、静かな、安心できる空間をつくり、クライアントが自身の内奥のスピリチュアリティとアクセスしていくのを支えることでしょう。すると次第に、クライアントのスピリチュアリティはみずからを語り始めます。比喩的に言うならば、クライアントのスピリチュアリティ（たましい）が、次第にクライアント自身に、そして、面接室全体に「降りてきて」、クライアントを通して、みずからを語り始めるのです。クライアントは言わば、スピリチュアリティ（たましい）がみずからを語るための「媒体」となるのです。

そればかりではありません。

カウンセラーが、もしもクライアントのスピリチュアリティにうまくチューンアップしていくことができるならば、カウンセリング空間において、カウンセラー自身のスピリチュアリティ（たましい）もみずからを語り始めます。クライアントの内面世界に、みずからを溶かし込んでいくようにして傾聴し続けていると、クライアントのたましいの語りに、溶け込むようにして、カウンセラーのたましいも、みずからを語り始めるのです。

さらには、そのような面接を重ねて続けていくと、次第に、面接室（カウンセリング空間）そのものがスピリチュアリティ（たましい）を宿しはじめます。面接室に飾られている花も、絵も、椅子も、机も、それぞれが何か、たましいを宿したもののようになっていきます。そしてついには、面接室、カウンセリング空間そのもののたましいがそこにみずから姿を現し、語り始めるのです。

クライアントの方がよく「この部屋に、週に一回来ること自体が、私にとって大きな癒しになっています」と語ったり、「週に一回だけ来る、ここの空間全体が、私を支えてくれているように感じています」などと言うのを聴くことがあります。それは、スピリチュアリティ（たましい）を宿した面接空間そのもののことを言っているのだと思います。

学生相談の場でのこうした面接の様子を大竹（二〇一二）は次のように記しています。

カウンセラーも、クライアントも、「呼吸をするように、シャボン玉をそっと吹くように、気持ちを言葉という形にしていく」ような面接が続いていった。とても静かな面接。カウンセラーは、面接をおこなっている途中、自分自身が「祈りの中にいる」ように感じられていたといいます。

そんなカウンセリングの最後の面接で、クライアントは次のように語っています。

「ここに来て、この椅子に座っていると、なんだか頭が静かになって、気持ちが落ち着いてくるんです。椅子に座って目をつむっていると、この部屋にあるものが、みんなで私のために祈ってくれているような気がするんです。この椅子は私が座るためにここにあって、このテーブルも私が何か書くときのためにここにいてくれる。カレンダーも私が日程を考えるときのためにそこにあって、ストーブも私が寒くないようにここにいてくれる。みんな私のために存在してくれていて、私のために祈ってくれているんだなーって。そういう気持ちになっていたから、気持ちが落ち着いていたんだなーと思ったんです。でもよく考えてみたら、それはこの部屋に限ったことではないですよね？　私の家にあるものだって、私が生活していくために存在してくれている。電車だって私が便利に移動するために走ってくれていて、この洋服だって私のために洋服としてここにある。私の生活の中にあるものが、私のためにあると思うと、私が生活しやすいように、生きていきやすいように、みんなが私のために祈ってくれているように感じることができるんです。この感じを忘れないまま、物に囲まれていれば、この先はどうにかやっていけそうな気がしています」。そして、カウンセリング・ルームとそこにあるすべての物に「ありがとう」と、感謝の祈りを送って、三年半にわたる面接は終結を迎えています（大竹直子、二〇一二）。

カウンセリング空間にあるすべてのものが、たましいを宿し、「自分のために祈っている」ように感じられる。椅子も、テーブルも、カレンダーも、ストーブも……。このクライアントの方にとっては、カウンセリング空間そのものが、ひいては、自分の生活空間そのものが、「たましい」を宿し、「自分のために祈ってくれている存在」となっていたのです。

そして、このようなカウンセリングが成立しえたのは、カウンセラー自身が、面接中に、自分が「祈りの中にいる」ように思える、そんな姿勢で面接に臨んでいたことと深くかかわりがあると私は思います。

こうしたカウンセリングにおいては、面接そのものが「祈り」となり、面接空間そのものが「静かな、瞑想と祈りの場」となっています。「…………」という沈黙が支配するその空間では、カウンセラーにとっても、クライアントにとっても、カウンセリングそのものが、「祈り」の行為となっているのです。

「スピリチュアル・カウンセリング」の一つの方法として、カウンセリング面接の中で、カウンセラーとクライアントのどちらか一人で、もしくは二人で同時に「祈り」や「瞑想」の時間を持つことがあります。実際、私が在外研究員として在籍していたＩＴＰ（米国トランスパーソナル心理学研究所）のカウンセリング・ルームでの面接では、面接の中で、しばしば「祈り」や「瞑想」の時間がとられていました。

このように、カウンセリングにおいて「祈り」を面接場面における「方法」として用いることも、場合によっては大きな意味を持つでしょう。

しかし、「スピリチュアル・カウンセリング」でより重要なのは、「祈りのなかにいるような姿勢」でカウンセリング面接に臨むこと、それによって、カウンセリング面接の空間のなかに、スピリチュアリティ（たましい）が顕現してくることです。

「では、祈りましょう」といったことをしなくとも――明示的な言語レベルでは、クライアントが自分のことを語り、カウンセラーはただひたすら、クライアントの内面世界に寄り添い、耳を傾け続けているだけのように見えていても、つまりはただ、「傾聴しているだけ」に見えたとしても――その空間にいる、カウンセラーとクライアントの二人が、「祈っているような気持ちで」カウンセリングの場に臨んでいるならば、カウンセリングはおのずと「祈りの場」となっていくのです。

このような観点からすれば、「スピリチュアル・カウンセリング」とは、「カウンセリング空間」そのものに、スピリチュアリティが顕現してくるように、カウンセリングの「場」を整えていくことであると言えるでしょう（カウンセラーの「祈るような姿勢」やその「在り方」はもちろんのこと、カウンセリングルームのインテリアや立地も含めて）。宗教学者の鎌田東二は、日本のさまざまな「聖地」に関するフィールドワークを経て、「聖地」とは、「一言で言えば、それは人びとが心のもっとも深い次元としてのたましいの世界に分け入っていくことのできる場所」であり、それは地球という「惑星上でもとりわけ調和がとれている場所」であると言っています。その意味では、「カウンセリング空間」そのものが「聖地」となるように整えていくことが、カウンセラーの最大の仕事であると言えるでしょう。クライアントの方が、「心のもっとも深い次元としてのたましいの世界に分け入っていくこと」ができるような「調和のとれた場所」にカウンセリング空間そのものを整えていくことが、「スピリチュアル・カウンセリング」の大きな役割なのです。

人間は本質的にスピリチュアルな存在である

> 「スピリチュアル・カウンセリング」は、「人間は本質的にスピリチュアルな存在である」「意識は多次元的である」という基本仮説に立って、現代心理学と世界のさまざまなスピリチュアルな伝統とを統合していこうとするアプローチである。

CIIS（カリフォルニア統合学研究所）のカートライト（Cortright, B.）教授は、その著書『心理療法とスピリット』（Cortright, 1997）において、スピリチュアルなオリエンテーションを持つ心理療法家が共有している基本原則として、次の八つを挙げています。

①人間本性は本質的にスピリチュアルである。
　スピリチュアルな心理療法は、現代心理学と世界のさまざまなスピリチュアルな伝統（霊的伝統）の両方を心理療法において用いる。

②意識は多次元的である。
　従来の心理療法では、変性意識体験（例：「庭の花が私にこう語りかけてきたんです」）はしばしば、単なる空想か、病的なものとして退けてきた。しかし、それはあくまで、私たちの多くが「現実」とみなしている「現実」（コンセンサス・リアリティ）の意識水準における判断である。異なる意識状

態や意識水準に立つと、異なるリアリティが立ち上がってくる。

③人間は、スピリチュアルな探究に向かう衝動を持っている。

マズローの欲求階層説に示されるさまざまな欲求――生存欲求、所属の欲求、承認の欲求、自己実現の欲求など――のすべてを包括しながらもそれに加えて、人間の最も奥深い欲求として、スピリチュアルな欲求、聖なる衝動が存在している。

④うちなる知恵の源泉により深く触れることは可能であり、成長にとって有益である。

スピリチュアルな心理療法では、多くの心理療法と同様に、うちなる知恵への接近を援助する。

⑤スピリチュアルな衝動の表明それ自体に、大きな価値がある。

聖なるものに至る唯一の道はない。セラピストはすべてのスピリチュアルな道に敬意を払うべきである。持ってよい唯一のドグマは「どんなスピリチュアルな道に対しても、ドグマティックになるな」ということである。

⑥変性意識状態は重要な体験の一つであり、癒しや成長の助けとなりうる。
　すべての人にとってそうであるわけではないが、変性意識状態は、大きな癒しの力を持っている。

⑦人生は意味に満ちている。
　ある種の実存的な立場では、この無意味な世界の中で意味を創造することによって、健康はもたらされると考える。一方、スピリチュアルな観点では、世界そのものにはじめから備わっている意味を明るみに出すことによって健康がもたらされると考える。そのため、クライアントが世界をより広い視点から眺めるのを援助する。

⑧セラピストのコンテキストが、クライアントへの眼差しを決める。
　クライアントを診断と治療の対象としてでなく、自分と同じスピリチュアルな道の探究者、同行者であるとみる。こうしたセラピストの姿勢があってはじめて、クライアントはみずからのスピリチュアルな可能性を実現できるようになっていく。

カートライトのこれらの指摘は、そのまま「スピリチュアル・カウンセリング」の基本原則と言えます。

カウンセリングの「コンテキスト」が重要な意味を持つ

スピリチュアルな「技法」を用いることよりも、カウンセラー／心理療法家の「コンテキスト」（カウンセラーの器。文脈。カウンセラーがスピリチュアルな価値観を持って、クライアントの話を聴くこと）のほうが、スピリチュアル・カウンセリングにとって、より本質的なことである。

これまで、私の考える「スピリチュアル・カウンセリング」の基本的な考えをお話ししてきました。すでにお話ししたように、「スピリチュアル・カウンセリング」において最も重要なのは、そこで用いられる技法でもなければ、語られる話の内容でもありません。

「スピリチュアル・カウンセリング」において最も重要なことは、「どのような価値観を持ったカウンセラーが、クライアントの方の話を、どのような文脈で、どのような姿勢において聴いていくか」です。

クライアントの方の話を聴き、受け止めていく「カウンセラーの側にスピリチュアルな価値観や世界観が十分に育まれていること、そして、スピリチュアルな姿勢や雰囲気を保ちながら話を聴いていくこと」が、「スピリチュアル・カウンセリング」にとって決定的に重要なことなのです。

ここで参考になるのが、既存のさまざまなカウンセリングや心理療法のアプローチの中で、スピリチュアルな視点を最も重要視している「トランスパーソナル心理療法」についておこなわれてきた議論です。

トランスパーソナル心理療法については、主に、次の三つの捉え方がなされてきました。

①サイコシンセシス、ホロトロピック・ブレスワーク、プロセスワークといった、いわゆるトランスパーソナル系のアプローチの総称。

②大自然や地球、生命そのもの、さらには宇宙との合一体験といった「個を超えた（トランスパーソナルな）」アイデンティティの拡大体験（いわゆる「スピリチュアルな体験」）を対象にした心理療法。

③心理療法においてこれまでも暗黙のうちに重要視されてきた、トランスパーソナルな観点を大切にする心理療法。

このいずれもが、「トランスパーソナル心理療法」と呼ばれてきたのです。

これらの概念的混乱について、米国の著名なトランスパーソナル心理学者であるフランシス・ヴォーン（Vaughan, F.）は、次の三つの観点を区別すべきだ、という考えを提示しました（Vaughan, 1993）。

①心理療法のコンテキスト（context）。すなわち、セラピストが抱いている信念、価値観、世界観。またそれに基づく人生やこころに対する構え、姿勢、枠組み。
②心理療法のコンテント（content）。すなわち、クライアントによって語られる体験の内容。
③心理療法のプロセス（process）。すなわち、セラピストとクライアントが共にかかわり、そこから癒しが生じてくる心理療法の過程。ないしそこで使われる技法。

ヴォーンによれば、このうち、トランスパーソナル心理療法にとって決定的に重要な意味を持つのは①の「コンテキスト」、すなわち、「セラピストが抱いている信念、価値観、世界観およびそれに基づく人生やこころに対する構え、姿勢、枠組み」です。
この点について、カートライトも、次のように言います。

「トランスパーソナル心理療法の決定的な特徴は、治療のプロセスを方向づける理論的および方法論的な枠組みにある。テクニックのレヴェルでトランスパーソナル心理療法を定義するのは、たしかに魅力がある。それが、このセラピィはこうですよ、と説明する目に見えて最もわかりやすいやり方だからである。しかしトランスパーソナル心理療法は、テクニックによっては定義できない。実際、トランスパーソナル心理療法にとって、テクニックは最も重要ではないレベルにある。……（中略）……いわゆるトランスパーソナルなテクニックと言われているものをすべて投げ出したとしても、トランスパーソナルなアプローチは残る。なぜなら、トランスパーソナルな枠組みさえ与えられれば、あらゆるテクニックは、トランスパーソナルなものとなりうるからである。

ホロトロピック・ブレスワークや、変性意識のワーク、サイコシンセシスのイメージ誘導法などの、いわゆるトランスパーソナルな方法がある。トランスパーソナル心理療法は、しばしばこれらと同一視されている。しかしこの場合でも、そこにトランスパーソナルな意味を与えるのは、それを取り囲むコンテキストなのである。たとえば、イメージ誘導法が行動療法のプログラムの中で用いられたとしよう。この場合、これはトランスパーソナルとはまったく関係のないものになる。コンテキストが変われば、テクニックの意味も変わるのである」(Cortright, 1997)

たいへん明快な説明ですね。

いわゆる「トランスパーソナル・セラピーの技法」として知られているものがあります。吉福伸逸氏や岡野守也氏ら、日本にトランスパーソナル心理学を紹介した方々の初期の入門書に紹介されているさまざまなアプローチ、たとえば各種の瞑想法や祈りの方法、ホロトロピック・ブレスワークやサイコシンセシス、それに加えて最近では、プロセスワークやハコミセラピィ、ダイアモンド・アプローチなどです。これらの、いわゆるトランスパーソナル心理学のアプローチは、やはり、各種の心理技法の中でも、スピリチュアルな色彩がとりわけ濃厚なアプローチです。これらに、ユング心理学のアクティヴ・イマジネーション（能動的想像法）や夢分析、ドリームワーク、箱庭療法、フォーカシングやフランクルのロゴセラピーなどの人間性心理学や実存的心理療法の諸技法を加えるならば、それはほぼそのまま、「スピリチュアル・カウンセリング」を代表する諸技法であると言ってもいいでしょう。トランスパーソナル心理療法は、しばしばこれらと同一視されています。

しかし、先のカートライトの言葉にストレートに示されているように、トランスパーソナル心理療法にとって本質的な重要性を持つのは、こうした諸技法ではありません。

カートライトの指摘は、そのまま「スピリチュアル・カウンセリング」についても当てはまります。「いわゆるスピリチュアルなテクニック」をすべて投げ出したとしても、スピリチュアルなアプローチは可能なのです。なぜなら、スピリチュアルな枠組みを与えられると、あらゆるテクニックはスピリチュアルな意味を帯び始めるからです。

たしかにこれらの技法は、かなりの有効性を持っています。しかしより重要なのは、それらの技法自体ではなく、それらの技法が「どのような文脈や目的において用いられるか」なのです。

たとえば、あまりないことではあるでしょうが、もし「現実適応」のみを目的とするカウンセラーが、そうした目的のためにつくったプログラムの一貫として、サイコシンセシスやプロセスワークの技法を使ったら、どうなるでしょう。それは、トランスパーソナル心理療法とは言いがたいものとなるでしょうし、スピリチュアルなカウンセリングとも言えないと思います。

またもし逆に、行動療法のシェーピングなどの技法を用いたとしても、それが用いられる文脈や枠組み次第では、「スピリチュアル・カウンセリング」の一環となりうるのです。

こうした考えは、トランスパーソナル心理療法についての、次の定義にも端的に示されています。

「トランスパーソナル心理療法とは、身体的側面、情緒的側面、知的側面、そしてスピリチュアルな側面の統合を目指した癒しの方法である」(Vaughan, ibid, p.160)

「トランスパーソナル・セラピーは、精神分析や実存的心理学を含む西欧心理学の伝統と、世界の永遠の哲学とをつなぐ癒しと成長のためのアプローチである。トランスパーソナル・セラピーをほかのオリエンテーションから区別するものは、テクニックでもクライアントが語る問題でもない。セラピストのスピリチュアルな視点である」(Witte, 1993)

これらの定義は、そのまま「スピリチュアル・カウンセリング」の定義としても通用します。

「スピリチュアル・カウンセリング」は、身体的側面、情緒的側面、知的側面、そしてスピリチュアルな側面の統合を目指した癒しの方法であり、それは、西欧心理学と世界の「永遠の哲学」とをつなぐ癒しと成長のためのアプローチです。「スピリチュアル・カウンセリング」を他のオリエンテーションから区別するものは、テクニックでもクライアントが語る問題の内容でもなく、カウンセラーが抱くスピリチュアルな視点なのです。

「スピリチュアル・カウンセリング」の範囲

クライアントの抱えるスピリチュアルな問題（例：宗教にかかわる悩みや迷い、霊的な問題、自分がこれから、どんなスピリチュアルな道を歩んでいくかについての悩みなど）についての自己探求を支えていくことは、当然ながら、「スピリチュアル・カウンセリング」の重要な対象領域の一つである。

しかし、「スピリチュアル・カウンセリング」は、そうした、スピリチュアルなテーマに限定されるものではない。

いかなる問題にも、その背景に、スピリチュアリティは潜んでいる。

人生のさまざまな問題の中に、問題として、たましいは顕現している。

クライアントの語る悩みや問題が、どんな現実的で日常的な問題であっても、カウンセラーの側がそこにスピリチュアルな文脈を見いだし、スピリチュアルな姿勢でかかわっていくならば、そのカウンセリングは「スピリチュアル・カウンセリング」となる。

「スピリチュアル・カウンセリング」というと、そうしたカウンセリングを受けるクライアントは、何か特別なスピリチュアルな体験、たとえば、神との合一体験や過去生の体験、聖なる光に包まれる体験、といった特殊な体験を語る人であるに違いない、という印象を持たれるかもしれません。

もちろん、こうした超越的で、スピリチュアルな内容の苦しみや体験をサポートすることも、「スピリチュアル・カウンセリング」の重要な役割の一つです。例を挙げましょう。

◆「私、突然、白い光に包まれて、その瞬間から、世界全体が変わったんです」といった神秘体験をした方の自己理解を援助する。

◆「突然、いろいろな人のオーラや霊が見えるようになってしまって……」といった霊的な問題や、それによってもたらされる「スピリチュアル・イマージェンシー（たましいの危機）」と呼ばれる混乱や葛藤、苦しみを援助する。

◆宗教上の葛藤、たとえばキリスト教徒でありながら、同時に神道や仏教からも学びたい、けれども両者が自分のなかでうまく統合されなくて……といった悩みの相談。

◆ヒーリング、ヨーガ、前世療法、コーチング、チャネリング、占星術……いろいろなスピリチュアルな学習をしてきたけれど、「私はこれから、どのような道を進んでいけばいいのでしょうか」という「これから自分の歩むべき、スピリチュアルな道」にかかわる迷いや葛藤の相談。

こうした「スピリチュアルなテーマを扱うカウンセリング」は、もちろん、「スピリチュアル・カウンセリング」の重要な対象領域の一つです。

私が在外研究員として半年間席を置いていたＩＴＰ（米国トランスパーソナル心理学研究所）には、いわゆるカウンセリング／心理療法のトレーニング・コースとは別に、こうした問題に特化された「スピリチュアル・ガイダンス」(spiritual guidance）のトレーニング・コースがあり、「スピリチュアル・ディレクター」(Spiritual Director）という資格を認定していました。

しかし、「スピリチュアル・カウンセリング」の対象は、こうしたスピリチュアルなテーマに限定されるものではありません。

あるカウンセリングが、スピリチュアル・カウンセリングであるか否かを決めるのは、そこで用いられるテクニックでもなければ、扱われる事例の内容（コンテント）でもありません。

重要なのは、人生やこころに対するカウンセラーの姿勢、ものの見方、枠組みが、スピリチュアルであることです。そのカウンセラーが、いかなる観点（立脚点）に立ってカウンセリングに取り組むかが重要なのです。

あるカウンセラーが、「症状の除去」「問題解決」「現実適応」といった観点からでなく、「たましいのケア」（ヒルマン、ムーア）、「サイコスピリチュアルな成長」（ロウアン）といった観点に立ち、そこを立脚点としてカウンセリングに取り組むならば、いかなる技法を用い、いかなる問題を扱おうと、それは「スピリチュアル・カウンセリング」となるのです。

この考えに立てば、たとえば、不登校の子を持つ親の相談、といった事例において、（いわゆる典型的なスピリチュアルな技法は一切用いずに）ただひたすら聴く、という一見すると平凡な心理面接をおこなっている場合でも、そのカウンセラーがスピリチュアルな観点を持ってその事例に臨んでいるならば、そして何よりも、カウンセラー自身の「たましい」を傾けてその事例に取り組んでいるならば、それは「スピリチュアル・カウンセリング」となるのです。

「スピリチュアル・カウンセリング」とは、一言で言えば、「スピリチュアルな観点／枠組みを持ったカウンセラーが、スピリチュアルな姿勢で、たましいを傾けておこなうカウンセリング」のことなのです。

「スピリチュアル・カウンセリング」は「目的論」の立場に立つ

「スピリチュアル・カウンセリング」では、「目的論」的な観点をとる。すなわち、さまざまな悩みや苦しみ、症状や問題をただ単に解決しようとする（＝「対症療法」的観点）のでもなく、また、いたずらに、問題や症状の「原因」ばかりを過去に探っていく（＝「因果論」的観点）のでもなくて、症状や問題の背景にある「意味」や「目的」を見いだしていくのを援助するのである。

「この私に、このような問題や悩み、苦しみ、症状が、これほど長い間続くということには、いったい、どのような意味があるのだろうか……」というクライアントの無言の実存的な問いかけにかかわって、その症状や問題が自分の人生に訪れたことの「意味」や「目的」を見いだしていくのを援助する。


よく知られているように、カウンセリングには、さまざまなアプローチがあり、百花繚乱ともいうべき様相を呈しています。

しかし、多々あるアプローチのなかでも、もっとも主要かつ代表的な三つのアプローチが存在しています（73頁の**図2－1**を参照）。

本書を読まれる方のなかには、「ヒーリングとかヨーガとか、瞑想とか、チャネリングとか、占星術とか……いわゆる、スピリチュアルなことについてはいろいろ勉強してきたけれど、カウンセリングについてはまだほとんど知らない」という方もおられるでしょう。

そんな方のために、まず、カウンセリングの代表的なアプローチについてごく大まかに説明しましょう。また、カウンセリングをすでにかなり勉強されている方にとっても、改めて、「スピリチュアル・カウンセリング」の考え方を、ほかのアプローチと比較することによって、その特徴が、より明確になることと思います。

それぞれのアプローチでは、人生の「問題や悩み」にどうかかわっていくか、その構えそのものが異なります。

これから見ていくように、三つの立場のなかで、スピリチュアルな人間観、世界観をもっとも濃厚に持っているのが、第三のアプローチですが、第一、第二のアプローチの中にも、スピリチュアリティと深いかかわりを持つものがあります。

第一のアプローチは、「過去から解放されるアプローチ」です。フロイトの精神分析が代表的なものですが、より広くは、「精神力動論的立場」と呼ばれます。

人間の悩み、苦しみやこころの症状は、一言で言えば「過去についた心の傷」へのとらわれから生じる、と考える立場です。

この「過去についた心の傷」のことをトラウマ（心的外傷）といいます。人間はなかなか、この「過去の心の傷」へのとらわれから、脱却することができません。したがって、そのとらわれからの脱却をサポートする必要がある、とこの立場では考えるのです。

なにか、こころが傷ついた〈原因〉がある。そしてその傷つきの〈原因〉の〈結果〉、あなたの悩みや苦しみは生まれた。したがって、あなたを悩みや苦しみから救うには、そうした悩み苦しみのもとになっている〈原因〉を見つけて、それから解放しなくてはならない。そのためには、自分の悩み苦しみの〈原因〉となっている〈過去の場面〉を振り返っていくことが重要だ、という考え方です。

そのためこの立場のカウンセリングでは、クライアントがみずからの「過去」を振り返っていく場面が多くなります。みずからの悩み苦しみをその「結果」生み出すことになり、「心の傷」の「原因」となった「過去の場面」を可能な限りリアルに思い出して、それが今の自分にどのような影響を与えているか、見つめていくことが必要だと考えるのです。

この立場が、「因果論的立場」と呼ばれる所以です。

カウンセリング場面で語られる過去のトラウマのうち、代表的なものが、「親から愛されなかった」という心のしこりです。この思いは、ほかの兄弟姉妹にくらべて自分は愛を受けなかった、という記

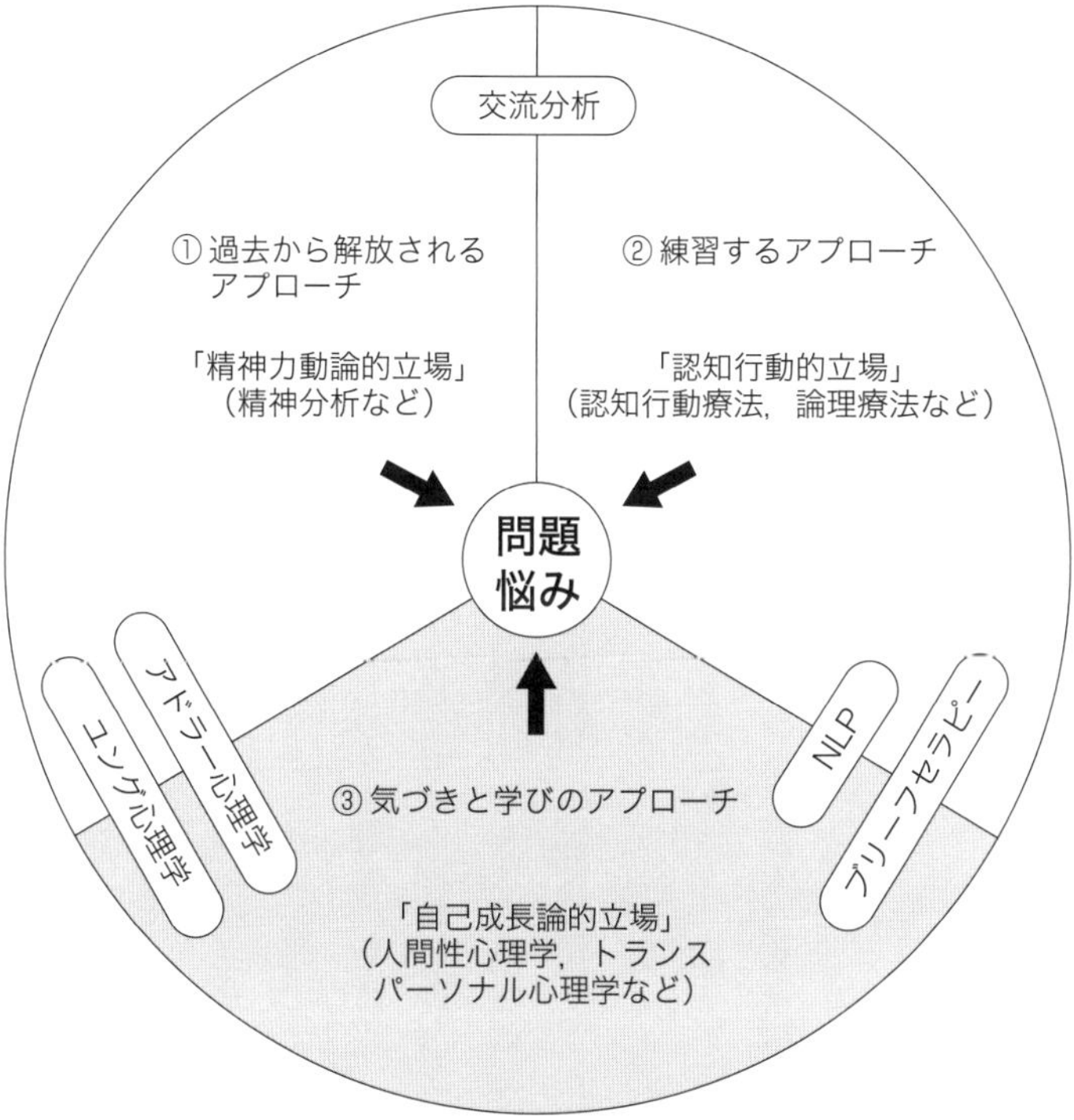

図 2-1　カウンセリングの三つのアプローチ

憶があるときに、いっそう強烈なものとなります。

「自分は両親から愛されていなかった」「兄弟の中で私だけ、愛されていなかった」という思いは、人を捕らえて放さないところがあります。本人も、自分が悲劇のヒロインであるかのような思いを募らせていき、自分がしあわせになれない理由をすべて両親との関係にあるかのように考え、運命を呪い、自分はそのために一生幸福にはなれないかのように考えはじめるのです。

カウンセリングをしているとわかりますが、人は、自分を「運命の犠牲者」の立場に置いている限り、しあわせになることはできません。私の友人のカウンセラー、向後善之氏の言葉で言うなら、クライアントの少なからずは「悲しみ温泉」にどっぷりつかったまま、出てこられなくなっています。「私が幸福になれないのは、両親のせい」「私が不幸なのは、最初に結婚した男性がひどかったから」などと、自分がしあわせになれない理由を過去や他人に見出している限り、けっして幸福にはなれません。ましてや人間として成長をとげていくことはできません。

第一のアプローチは、こうした「過去のとらわれから解放されることを目指すアプローチ」です。

第二のアプローチは、「練習するアプローチ」です。行動療法、認知行動療法などがここに入ります。「認知行動論的立場」をとるカウンセリングです。

このアプローチは、三つのアプローチの中でもっとも「問題解決志向」「症状除去志向」が強いアプローチです。また、「行動主義」と呼ばれるように、目に見える「行動」を重要視し、行動観察や記録によって得られる客観的なデータの蓄積を重視します。そのため、客観的に測定されたデータにもとづいて対応策を練っていく傾向が濃厚です。「エビデンス・ベースト」、つまり、客観的に測定されたデータにもとづいて対応していく点から信頼性が高いと、最近高く評価され注目を集めています。もともとは、動物実験によって得られた行動主義の心理学を応用した方法です。

また、最近では、ただ「行動」だけでなく、「認知」（ものの見方、考え方、思考）の歪みの修正を主な目的とした「認知療法」と結合して「認知行動療法」という形をとっています。

たとえば、ある人が、いつも自己否定的で、頑《かたく》なものの見方ばかりしてしまい、そのために人生の可能性を閉ざしているとしましょう。その人が、もっと柔軟で、前向きな考え方ができるように「思考の歪み」を修正するように促していきます。本人自身も、もっと柔軟な、とらわれのない考え方ができるように、自分の思考法を工夫し、トレーニングしていきます。

たとえば、「私はどうせまた、失敗するのでは」「失敗したら、もうおしまいだ」と考える癖がついてしまっている人がいます。そのためにこの人は、失敗を恐れて、仕事につくことができず、ニートになってしまっているとしましょう。こうした考えを「たしかに失敗はしないにこしたことはない。けれども、失敗したからといって、それで終わりというわけではない。ましてや、人間としての価値が下がるわけでもない」と、自分で自分に言い聞かせていきます。もっと前向きな生き方ができるように「自己説得」していくのです。

このアプローチでは、さらに、考え方ばかりでなく、実際に目標とする「行動」ができるようにトレーニングしていきます。たとえば、学校に行けずひきこもりがちだった子どもが、まずは保健室に週に二日だけ行き、次に、教室に二日だけ顔を出す……といったように、その子どもが学校に行けるようになるように少しずつ少しずつ練習していきます。教室で席にじっと座っていることができない子どもであれば、席に座るという「着席行動」ができるように練習させていきます。そのため私はこのアプローチを「練習するアプローチ」と呼んでいます。

このアプローチが、ほかのアプローチと比べて、より直接的な「問題解決志向」「症状除去志向」が強いことがわかると思います。

また、最近では、認知行動療法の中に「第三世代認知行動療法」と呼ばれる立場も登場しています（マインドフルネス認知行動療法、ＡＣＴ＝アクセプタンス・アンド・コミットメント・セラピィなど）。これらのアプローチでは、少なくとも技法レベルでは、瞑想をはじめとしたスピリチュアルな内容が含まれており、症状の「除去」ではなく「受容」を目指します。

第三のアプローチが「気づきと学びのアプローチ」です。「自己成長論」の立場とも呼ばれます。

ロジャーズのクライアント中心療法やマズローの自己実現論を筆頭とする「人間性心理学」や、その発展形として生まれた「トランスパーソナル心理学」、たとえば、ウィルバーの統合心理学やミンデルのプロセスワークなどがここに入ります。悩みや問題の解決を目指しながらも、ある意味ではそれ以上に、悩みや問題と向き合うことを通しての「人間としての成長」、一人ひとりが自分を見つめ成長していくプロセスを重要視するため、「自己成長論」の立場と呼ばれます。

この立場の特徴の一つは「因果論」、すなわち、「過去に○○な原因があったから、今、こういう問題が生じている」という考え方ではなく、「目的論」を取ることにあります。

「目的論」とは、私たちが人生で抱えるさまざまな問題には、その背景に何らかの「意味」や「目的」が潜んでいる、と考える立場です。私たち一人ひとりが、自分の抱えている問題や悩みときちんと向き合うことを通して、その「意味」や「目的」に気づき、自分なりの成長、人間的な成熟をなしていく、と考えるのです。

私たち人間は、愚かで傲慢な生き物です。人生が何事もなく運んでいると、それはすべて自分の力によるものであるかのように、錯覚してしまいます。

けれどそうは、問屋が卸しません。この人生には、さまざまな苦難が待ち受けています。

◆不況のため、リストラにあい、職を失ってしまった。

◆妻や恋人との関係がうまくいかない。
◆いやな上司との関係に頭を傷めている。
◆子どもが問題を起こし、暴力をふるい、家庭が崩壊寸前だ。
◆うつ病になってしまった。もう、何もやる気が出ない。

こうした自分では、どうしようもない悩みや問題は、たしかにつらいものではあるけれども、同時に、それときちんと向きあうならば、私たちに大切な何かを気づかせてくれるし、教えてくれる「教師」のようなものになりうるとこの立場では考えます。

「人生のすべての出来事には意味があり、目的があって起こっている。家庭の不和や失職、病気のような、起こらないなら起こらないほうがいい出来事にも、実は、必然的な意味が潜んでいる。すべては私たちが気づくべきことに気づき、学ぶべきことを学んで自己成長していくことができるよう促してきている」……そんなふうに「目的論」の立場では、考えます。

誤解してはいけないのは、この「目的論」の考えが、最近はやりの「自己責任論」のことではない、ということです。

「自己責任論」では、「すべてのことは、結局、私自身が選んだことなのだ。だから今、苦しい問題を抱えているのも、私自身のせいなのだ……」と、考えます。すべての悩み苦しみは、「自己選択」

「自己決定」の結果なのだから、「結局自分自身に責任がある」という考え方です。

この「自己決定論」「自己責任論」は、たしかに、なにか問題が生じる度に、その原因を「他人」や「周囲の環境」や「時代」や「運勢」のせいにしてしまいがちな人には、大きな意味を持っています。いつも問題を、自分以外の誰かや何かのせいにしてしまう悪癖をやめなければ、そして「自分の人生は、自分で選ぶものだ」という感覚を身につけなくては、人間は、決して幸せにはなれないからです。

しかし、どうでしょう。

子どもの不登校、ひきこもり、夫のリストラ、離婚、職場での人間関係のもつれ、愛する人との死別……こうした問題は、果たして「自分で選んだ」ものでしょうか……。

「とんでもない」と思われる方も多いと思います。

人生のこうしたやっかいな「問題」は、できれば、そんなこと、起こらずにすむのであれば、起こらないほうがいいにちがいないものばかりです。

しかし、では、そうした「問題」が、自分が望んでいないにもかかわらず、自分の身に降りかかってくるのは、なぜなのでしょうか。

ほかの方が抱えている「あの問題」が「この私」の人生では起こらず、ほかの方が抱えていない「この問題」が、ほかの誰でもない「この私」に、「人生のちょうどこのとき」に起こったのは、なぜなのでしょうか。

それは、たまたま、偶然にすぎないのでしょうか。

「目的論」の立場では、それは「たましいが知っている」と考えます。

「頭」で考えるのではなく、「たましい」に聴いてみると、「この問題」が、ほかの誰でもない「この私」に、「人生のちょうどこのとき」に起こったのには、やはり何らかの「意味」があり「目的」があることを、「どこかでわかっている」感じがすることが少なくありません。

そのとき、言葉で合理的に説明することのできない「何か」がそこにはある、と「たましい」は教えてくれます。

ほかの方が抱えていない「この問題」が、ほかの誰でもない「この私」に、「人生のちょうどこの時」に起こったのには、やはりどこか「必然的な意味」があり、「目的」が潜んでいる。……「目的論」的な立場に立つ「スピリチュアル・カウンセリング」では、この「意味」と「目的」に気づいていくプロセスを重要視します。

そのためこのアプローチでは、自分ではどうしようもない悩み苦しみに直面した人が自分自身を見つめ、人生で起きているさまざまな出来事の持つ意味を見出していくのを援助していきます。この立場で重要視する「傾聴」が役に立つのも、ほんとうに「傾聴」してもらった人は、自分自身を深く見つめ、自分のうちなる声に耳を傾け始めるからです。それはまた、自分が直面している「いかんともしがたい出来事」の声を聴いていくことでもあります。そこで人はさまざまな気づきを得ていくのです。

人生には、自分では、いかんともし難い悩み苦しみがつきものです。この問題が解決したかと思えば、あの問題、その問題が解決したかと思えば、さらにこの問題……と人生の問題は、次々と生まれては消え、生まれては消えしていき、果てることがありません。いったいどうすれば苦しみのない人生を得ることができるのだろうと、多くの人は心のどこかで思っていることでしょう。人生には、それほど、悩み苦しみがつきまとうものです。けれども……と、たとえばミンデルのプロセス指向心理学を学んだカウンセラーであれば、こう考えます。

このような悩み苦しみも、それらがこの人生で起きる以上、何らかの意味があり目的を持って起きているはずだ。したがって、こうしたつらい経験をしたときには立ち止まり、自分自身を、そしてそのつらい出来事そのものをしっかり見つめ、その声を聴いていくことが必要である。それができるならば、その出来事は、私たちの人生においてたいへん貴重な気づきと学び、自己成長の機会となりうる、と。

こうした心理学の立場を「目的論的立場」と言います。第一のアプローチや第二のアプローチが、現在の悩み苦しみの原因を、過去の出来事、とりわけ、幼児期に両親から受けた悪しき影響に求める「因果論的立場」とは対をなすものです。

目的論の心理学の代表的なものには、ユング心理学やプロセス指向心理学などがあります。

これらの立場の心理学では、人生のさまざまな悩みや問題の背景には、重要な意味が潜んでいる、私たちの人生に対するとても大切なメッセージが存在している、と考えます。そしてもし、私たちが、その悩みや問題に苦しめられている「犠牲者」の立場（例：「私は、あんな親に育てられたから幸せになれないの！」）から脱け出して、今の自分を深く見つめることができるならば、そしてその悩みや問題の持つ意味やメッセージに気づくことができるならば、こうした悩みや苦しみは、それなしでは学ぶことのできない大切な学びや気づきを得て、人間的成長を果たし、みずからの生き方を変えていくための、この上ないチャンスとなりうる、と考えるのです。

実際、この人生、いったん悪いことが起きはじめると、次から次へと悪いことが連鎖して起き始め、転がり落ちていきます。

先日も、こんな相談がありました。

仕事仕事で毎日働きづめで、ご家族ともまともに会話もないまま過ごしているうちに、子どもが不登校になってしまった。かと思うと、こっそり七年も交際していた愛人から別れを切り出され、しかも奥さんにバレてしまって離婚され、職場でも人員削減のわりをくってリストラされてしまった。おまけに、日曜にゆっくり朝食をとっていたら、不登校の息子が「このバカ親父！」と叫びながら後ろからとび蹴りをしてきて、そのため背骨を骨折して入院するはめになってしまった……。

「負のシンクロニシティの連鎖」とでも言うべき、人生の迷路にはまってしまったこの方は、病院に入院中、毎日毎日、病室の天井を見上げているうちに、あるとき、「天の声」を聴いて、生き方を変えようと思い立たれました。退院後、信仰を得て、牧師の道を目指し始めた……といいます。

このケースはいささか、極端な例ですが、大切な人との死別や離別、人間関係のもつれや失恋、離婚、重い病といった自分ではどうしようもない「問題」や「悩み」に直面せざるをえなくなったとき、そのような「人生の闇」の中で、突然、大きな気づきを得て、新たな人生を生き始める転機を得る方は、決して少なくありません。

あまりに辛く、苦しく、納得しがたい出来事に出会ったとき、私たちは天を仰ぎます。

「なぜ、よりによって、この私に」

「どうして……いったい、どうして……」

その出来事が、ほかの誰かにではなく、なぜよりによって「この私」に、今、起きたのか。その「意味を求める声にならない叫び」を、慟哭と共に発するしかなくなるのです。

ニーチェも言うように、私たち人間は、問題それ自体に苦しむ以上に、「なぜその問題がよりによってこの私に起きたのか」と、その「意味」と「理由」を得られないことに苦しむ生き物です。

「いったいどうして、これほど厳しい試練をこの私にお与えになるのですか」

そう問い続け、その問題の意味を求めても求まらない苦しみを苦しみぬくことを通して、私たちのたましいは成長をとげていきます。人生のさまざまな問題は、その苦しみが大きければ大きいほど、自分ではどうしようもないものであればあるほど、大切な気づきと学びの機会、「たましいの修行」の機会となりうるのです。

「スピリチュアル・カウンセリング」は、「未来からの呼びかけ志向」のカウンセリングである

「すべての出来事には意味がある。気づきと学び、自己成長のプロセスになりうる」と考え、さまざまな出来事の間に「必然的な意味を持つ偶然のつながり」（シンクロニシティ）を見て取る「スピリチュアル・カウンセリング」は、「目的論的立場」に立つカウンセリングである。それはまた、「未来からの呼びかけ志向」のカウンセリングでもある。私たちの「たましいのプロセス」は、絶えず、「未来からの呼びかけ」に衝き動かされ、それに応え、促されるようにして流れていくのである。

「スピリチュアル・カウンセリング」が、そしてその主要な柱となるユング心理学やプロセスワークが「目的論」をとっているということは、これらのアプローチが「過去志向」ではなく、「未来志向」性の高いアプローチであることを意味しています。

フロイトや、フロイトの流れを汲む古典的精神分析、あるいはそうした考えにもとづくボディワークなどでは、「因果論」の立場に立つ「過去志向」のアプローチをとります。

それに対して、「スピリチュアル・カウンセリング」では、「目的論」の立場をとります。ユング心理学やプロセスワークなどがその典型ですが、これらの立場では、シンクロニシティ（ある種の必然的な意味を持つ偶然のつながり）という考えを重要視します。

たとえば私が今、肩凝りや偏頭痛を持っているとします。一般的には、マッサージをしてもらったり頭痛薬を飲んだりして、それを取り除くことができればそれでいいと考えるでしょう。

しかし、シンクロニシティの視点から見れば、すべての出来事は「つながって」いて、そこには、「ある種の必然的な意味」が潜んでいます。

たとえば最近、私の仕事の能率が落ちているとしましょう。そのことと、偏頭痛が激しくなっていること、昨晩見た悪夢、そして昨日偶然見て、妙に頭にこびりついて離れないテレビドラマのワンシーン……。一見、何の関係もないように思えるこれらのすべての出来事は、実は「意味のあるつながり」（共時性＝シンクロニシティ）のうちにある、と考えるのです。

河合隼雄氏は、こうしたものの見方について、「コンステレーション」（星座の配置）という考えを強調していました。もちろん、カウンセリング中に星占いをしておられたのではありません。

ある人の人生で、さまざまなつらく、苦しく、悲しい出来事が起こっていることについて、その人が今、「そうした一連の出来事という巡り合せ」のなかにいるということはいったいどのような意味を持っているのか、という視点から見ていこうとされたのです。

河合氏が、「私は、カウンセリングをしているとき、クライアントの方がどのような「コンステレーション」（人生の流れ）のなかにいるかをみていくこと、ただ全力でそれだけをしています」と語られていたのをおぼえています。

例を挙げましょう。

次のような方が、カウンセリングに来たとします。

主な訴えは「自己主張できないこと。そのため、仕事の成績もあがらない」ことです。また、最近、偏頭痛で悩まされています。

聞くと、その人が昨晩見た夢の中に「キリ」が出てきており、それを思い出すと偏頭痛がする時の「何かに刺されるような感じ」がしてきてイヤだ、と言います。また昨日偶然見たドラマのなかで、ある動物が矢で突かれるシーンがあり、それがどうも頭から離れない、と言うのです。

このクライアントの方の夢に出てきた「キリ」と、偏頭痛の「何かに刺されるような感じ」、ドラマの中の「矢」、そして仕事で「自己主張できない」こと……これらはすべて「つながって」いて、単なる偶然ではない「意味」があります。そして、その「意味」に気づくならば、私たちの人生に必要な変化がもたらされうるのです。

ここでもう一つ、プロセスワークの創始者であるミンデルが挙げている面白い事例を紹介しましょう。

ミンデルは、ある人が患っている慢性の症状や病のメッセージは、必ず、その人の夢を通しても送られてきている、と考えました。つまり、夢は病や症状を映す鏡であり、またその逆も真なりで、病や症状も夢を映す鏡である、というのです。ユング心理学で言うシンクロニシティ（必然的なつながり）が、夢と病や症状の間に成立している、と考えたミンデルは「ドリームボディ」（夢見るからだ）という概念を提唱しました。

ある皮膚病の女性はとてもおとなしくて、静かな性格の持ち主です。彼女は、激しい痒《かゆ》みをともなう湿疹に、長い間煩わされていました。

この女性の夢の中には、何度も「虎」が出てきます。たとえば、虎がパン屋の商品すべてを食べ尽くしてしまう。そんなシーンが何度も夢の中に出てきた、というのです。

「夢の中の引っかく虎」が、彼女のからだでは「激しい痒み」として現れています。どちらも、そのメッセージは同じで「もっと引っかけ。虎のようになって周囲をひっかき回せ」というものです。

自分のおとなしさ、もの静かさに同一化して、おしとやかにふるまっていたこの女性は、「自分の中の虎のような部分」＝「周囲をひっかき回す部分」を十分に生きてこなかったのでしょう。そのためそれが、夢の中の虎や、激しい皮膚の痒みとして現れ、「もっと、自分のそうした部分を十分に生きるように」とメッセージを送ってきていたのです。

夢と身体症状の間の共時的関係＝シンクロニシティは、あらゆる場合に成立している。この関係が成立していなかったケースを見たことがない、とミンデルは言います。

そしてこの場合、夢が先か身体症状が先か、どちらが原因でどちらが結果か、と考えることはあまり意味を持ちません。従来の心身医学では、心の変調がまず原因としてあって、それが結果的に身体症状（痒み）として生じたのだ、という因果関係を読み取りがちです。

しかし、プロセスワークでは、このような因果論的見地はとりません。そうではなく、本来あるのはただ、心でも身体でもなく、そのいずれをも含み超えた「人生の大きな流れ＝プロセス」だけであり、この「プロセスの大いなる知恵」（プロセスマインド）が私たちに必要なこと、気づく必要のあることを絶えず運んできてくれている。それがたまたま「形」となったのが「夢の中の虎」であり、「皮膚の痒《かゆ》み」であった、と考えるのです。つまり、「プロセス一元論」です。

その具体的な「形」は、夢や身体症状ではないかもしれません。たとえば、その人がたまたまテレビをつけてみると番組の中に、次から次へと虎や猫が出てきて、何かをひっかくシーンが映し出されるかもしれません。あるいは、夫と口論したとき、思わず夫の顔を爪を立ててひっかいてしまうかもしれません。そんなふうに、「人生の大きな流れ＝プロセス」は、私たちが気づく必要のあることに気づくことができるまで、手を変え品を変え、同じメッセージをいろいろな形で送り届けてきてくれます。そしてこうした出来事は、私たちがそのメッセージを自覚的に生き始めるまで続いていくのです。

これらのプロセスワークの事例に典型的に示されるように、この人生で起きるすべての出来事はつながっていて、そのつながりには、単なる偶然ではない意味がある。そして、そのつながりの意味に気づくならば、私たちの人生は必要な変化を生じ始める――「スピリチュアル・カウンセリング」ではそう考えます。

これは、別の角度から見れば、この人生で起きるすべての出来事は、私たちに対する「問いかけ」であり、「呼びかけ」である、ということです。

ではいったい、私たちは何から「問いかけ」られているのでしょうか。私たちのたましいは、何から「呼びかけられ」ているのでしょうか。ある時はそれに突き動かされ、またある時はそれに促されるようにして、私たちの人生の流れを変えていくものは、何なのでしょうか。

私たちのたましいは、気づくべきことに気づき、学ぶべきことを学んで成長していくことを、何から問いかけられ、呼びかけられているのでしょうか。

それは、「人生」からであり、「世界」から、でもあるでしょう。そしてまた「未来」から、でもあると言えるでしょう。

私たちは、この「人生から」問いかけられ、呼びかけられています。

私たちは、この「世界から」問いかけられ、呼びかけられています。

私たちは、自分の「未来」から、そして世界の「未来から」問いかけられ、呼びかけられています。

私たち人間は、自分ではどうすることもできないつらく、悲しく、苦しい出来事を通して、気づくべきことに気づき、学ぶべきことを学んで成長していくことができるように問い
かけられています。

また、そこで気づきを得て人生の道を歩んでいくように、呼
かけられているのです。


これまで説明してきたように、カウンセリングにおける代表的なスピリチュアルなアプローチであるユング心理学やトランスパーソナル心理学、プロセスワークなどでは、非因果的な連関にも意味を見て取る「目的論的見地」をとります。

目的論的な見方に立つ「スピリチュアリティ志向のカウンセリング」では、私たちの人生に起きるすべての出来事には意味がある、と考えます。それらの出来事を通して私たちのたましいは、「人生」から、「世界」から、そして「未来」から、気づくべきことに気づき、学ぶべきことを学びつつ人生

の道《みち》を歩んでいくようにと「呼びかけられ」「問いかけられ」ているのです。

目的論と因果論は相補的で、臨床においては、どちらも重要な意味を持ちます。私は、基本的には「目的論」をとりながらも、「因果論」的なものの見方で補っていくようにしています。そうしたものの見方をした方が、クライアントのことや、カウンセリング場面で起きる出来事が「よく見える」ように思われるからです。

〈いのちの流れ〉に自覚的に従うカウンセリング

> 「スピリチュアル・カウンセリング」とは、クライアントの治癒と変容のプロセスに〈いのち〉の顕現を見て取るカウンセリングである。それは、「おのずから発する〈いのち〉の流れに従うカウンセリング」であり、「〈いのち〉の目覚めのカウンセリング」である。また、そこで働く〈いのち〉を仏性という観点からとらえ直すならば、「〈小さな悟り〉のカウンセリング」とも呼びうるものである。

日本にも、「スピリチュアル・カウンセリング」の先駆的な実践者は少なくありません。

たとえば、あとで紹介する日本のロジャーズ派の臨床家たちは、「〈小さな悟り〉のカウンセリング」とも言うべきユニークなものの見方を提示していました。

福井で独自の実践を重ねてきた山崎正の「ヨーガ・カウンセリング」(山崎正、二〇〇五)も、「スピリチュアル・カウンセリング」の先駆的実践の一つと言えるでしょう。

また、黒木賢一氏も、次のような独特の「光のカウンセリング」ともいうべき方法を開発し実践しています(黒木賢一、一九九六)。

まず身体をリラックスさせ、光を吸って丹田に入れて瞑想する「光のワーク」をおこなったうえで、「高次の自己」を色々なイメージを用いて視覚化し、セラピストとクライアントの双方がその高次の意識と対話しながらカウンセリングを進めていくという方法です。たとえば、セラピストは「聖なる白い光」を、クライアントは「青い妖精」を、自らの「高次の自己」としてイメージし、双方が「高次の自己」と対話しながら、カウンセリングを進めていくのです。私は黒木氏のこの方法から、多くの点を学びました。

黒木は、セラピストとクライアント双方が自らの「高次の自己」と対話しながらカウンセリングを進めていく、というこの方法を用いると、転移や投影が減少しカウンセリングを進めやすくなるといいます。

私も、カウンセラーとクライアントの間にスピリチュアルな「第三のもの」を置いてカウンセリングを進める最大の利点の一つはこの点にあると考えています。

「スピリチュアル・カウンセリング」の分野には、他にも魅力的な方法がたくさんあります。祈りや瞑想、ユング心理学やプロセスワーク、フランクル心理学、フォーカシングなどです。欧米のテキストでは箱庭療法もスピリチュアルな心理療法の代表的なものの一つとして位置づけられています。しかし、これまでも述べてきたように、「スピリチュアル・カウンセリング」にとってそこで用いられる技法は本質的な意味を持ちません。

『トランスパーソナルなもの――心理療法とカウンセリング』という著作で、英国の著名なセラピスト、ジョン・ロウアン（John Rowan）も、同様の考えを示しています。

「トランスパーソナル心理学のさまざまなアプローチ、たとえば、グロフやミンデルが創始した方法はとても魅力的であるが、トランスパーソナルなカウンセリングとは、特定のカウンセリングやセラピーの方法を言うのではない。それは、文字通り、〈トランスパーソナルな視点〉を重視するカウンセリングのことである。トランスパーソナル・セラピーとは、それ自体で完結したセラピーでもなければ、ほかのセラピーに付け足されるような何かでもない。それは、あらゆる心理療法の根本にある、一つの次元である」（Rowan, 1993）

ロウアンは、「しかしまた、たいていのクライアントは、遅かれ早かれスピリチュアルな問題に直面することになる。だからすべてのセラピストはトランスパーソナルなアプローチを学んでおく価値がある」とも言っています。

ロウアンの定義に従えば、トランスパーソナル・カウンセリングとは、次のような根本仮説を共有するあらゆるカウンセリングの総称のことです。

①すべての人間は、サイコスピリチュアルな成長（psychospiritual growth）に向かう衝動を、すなわち「聖なる衝動」を持っている。

②すべての人間には、生涯にわたって成長し続け、学び続ける力が備わっている。

この二点のみ、です。

ここでロウアンが言う「サイコスピリチュアルな成長に向かう衝動」とは、本書でこれまで、「〈いのち〉の流れ」「たましいの深いところの動き」などと呼んできたものとほぼ等しいと考えていいでしょう。

また、そうした視点に立っておこなわれる「スピリチュアル・カウンセリング」は「〈いのち〉の流れに従うカウンセリング」とか、「〈いのち〉の目覚めのカウンセリング」と呼ぶことができるでしよう。

「スピリチュアル・カウンセリング」とは、人間のあらゆる悩み苦しみに、そしてそれに向き合っていく生きざまの背後に、個を含んで超えた〈いのち〉の働きを見て取るカウンセリングのことなのです。

またそのような視点から言えば、クライアント中心療法の提唱者として著名な、カール・ロジャーズの考えや実践も、まさに「スピリチュアル・カウンセリング」の代表例であると言っていいでしょう。

ロジャーズは、一人ひとりの人間に、この宇宙全体にあまねく浸透している前進的な傾向が分け与えられていて、「実現傾向」として顕現していると考えていました。このロジャーズの考えは、「サイコスピリチュアルな成長に向かう衝動」をすべての人間は備えているというロウアンの考えとほぼ重なります。また後述するようにロジャーズは、晩年においては、かなり直観的で、スピリチュアルな面接をおこなっていました。

重要な点なので、くり返しますが、「スピリチュアル・カウンセリング」とは、クライアントの語っている問題の「内容」がスピリチャルな「内容」であるか否かにはかかわりません。それは、人間の抱えるすべての悩み苦しみの背後に、またその治癒のプロセスのすべてに、人間を含んで超えた〈いのち〉の働きを見て取るカウンセリングのことなのです。

不登校であれ、恋愛の問題であれ、夫婦の不和であれ、職場での不適応であれ……人間のありとあらゆる悩み苦しみの背後には、〈いのち〉の軋《きし》みを見て取ることができます。単に「個人の問題」としてだけでなく、その背後に個を超えた〈いのち〉の働きを、そしてその軋みや淀みを見て取ることができます。そのようにして、苦しみ、のたうち回りながらも、這い上がろうとする一人ひとりの人間の営みのうちに、〈いのち〉の顕現を見て取りつつ進めていくカウンセリングが、「スピリチュアル・カウンセリング」です。

以前、仏教思想に通じた日本のロジャーズ派のカウンセラーである大須賀発蔵氏が、「私は蓮華の上にいる存在として、すべてのクライアントの方のお話をうかがわせていただいています」と言っておられたのをうかがったことがあります。これもまた、同様の視点に立つ考えでしょう。

クライアントであれ、カウンセラーであれ、あらゆる人間、すべての生きとし生けるものは、同じ〈いのち〉の働きを分かち与えられた等しき存在である。同じ一つの〈いのち〉を共に生きつつある存在である。このように、同じ〈いのち〉を生き、〈いのち〉に生かされている存在として、クライアントの方を見て、〈いのち〉の発現と成就とを願いながら、クライアントの方の話をお聴きしていくカウンセリングです。

そこで、どのような技法が使われるかは重要ではありません。

私たち一人ひとりは同じ〈いのち〉を分けあった存在である、という自覚と、その〈いのち〉の成就への願いを抱いておこなわれるカウンセリングが、「スピリチュアル・カウンセリング」なのです。

「スピリチュアル・カウンセリング」への警告1

スピリチュアルな傾向の強いカウンセラーに起こりがちな問題は、「究極の真理」や「空」などへの固執や、「日常的現実の軽視」である。あるいは、カウンセラーがみずからのスピリチュアルな願望や思念をカウンセリング場面に持ち込みすぎることである。

スピリチュアルな「真理」が顔を出すのは、家族の人間関係のトラブル、病、悪癖やアディクション……といった日常的な問題である、ということを覚えておくべきである。

これまで、「スピリチュアル・カウンセリング」の基本的な考えを論じてきました。

私が、先にあげたロウアンの著作で興味深かったのは、彼が、スピリチュアルなものと、そうでないものとを識別している点です。ロウアンは、この分野の他の理論家の見解も踏まえて、次の三つの識別の基準を提示しています（Rowan, 1993）。

①「シリアスな体験」と「カジュアルな体験」の区別

シリアスな体験とは、重要な意味を持つ体験として扱われ、そこから学ぶ何かがあり、しばしばその後の人生にも大きな変化をもたらす体験である。一方、カジュアルな体験は、一度きりしか起こらず、重要な意味を持つ体験としては扱われず、その後の人生や行動にも影響をもたらさない体験である。

②「外側に真理を見る体験」と「内面に真理を見る体験」の区別

前者は、「世界」そのものが変容し、そこに多様性を超えた統一を見る体験である。自己修練の結果としてでなく、たまたま自発的に生じてくる場合が多い。一方後者は、長い間それを求め続け、自己修練した結果はじめて与えられるものであり、その時、世界ではなく「自己」が変容する。禅をはじめとする瞑想によって達成される体験が、後者の典型の一つである。

③「イクストラパーソナルな（extrapersonal）体験」と「トランスパーソナルな（transpersonal）体験」の区別

「イクストラパーソナルな体験」とは、スプーン曲げやテレパシー、ＥＳＰ、死者との交信といった体験である。一方、「トランスパーソナルな体験」とは、ハイアーセルフ、トランスパーソナル・セルフ（サイコシンセシス）、元型（ユング）、魂（ヒルマン）、創造的な自己、至高体験、あるタイプのヒーリングなどにかかわるものである。「イクストラパーソナルな体験」との決定的な違いは、そこに必ず「聖なるもの」（something divine）がかかわっている点である。

以上の三つの識別基準をあげたうえでロウアンは、ほんもののトランスパーソナルな体験に関して①重要な意味を持つものとして扱われ、その後の人生に大きな影響をもたらすシリアスな体験であり、②長い間それを求め続けた結果はじめて与えられる「自己変容」の体験であり、③「聖なるもの」とのかかわりを含んだ体験である、と結論づけます。

また、ロウアンは、この立場のカウンセラーやセラピストが陥りやすい点として、次の二点を指摘しています。

一つは、ケン・ウィルバーが指摘する「前／超の虚偽」にかかわる問題――すなわち、プレパーソナルな退行した心理状態と、トランスパーソナルな体験とを混同してしまうという問題です。

トランスパーソナルとは、自我を確立したうえで、さらにそれを超えていった意識の段階（ステージ）です。しかし、自我が未確立な幼児的心理状態への単なる退行が、トランスパーソナルな体験、スピリチュアルな体験としばしば混同されてしまいます。

この「前／超の虚偽」の問題は、ウィルバーがかなり前から執拗に警告してきた問題です。しかし相変わらず、悪質なセラピストには、「とにかく考えるのをやめて」理性を忘れた状態になるように促したり煽り立てる方もいるようです。

ロウアンが指摘している、スピリチュアルなセラピストの犯しやすいもう一つの問題点は、やみくもに「空」「最深の真理」などと呼ばれる「究極の真理」を求めがちな傾向があることです。

カウンセリングや心理療法においてスピリチュアリティは、「究極の真理」の「一歩手前」で顕現してくることが少なくありません。しかし、スピリチュアルな志向性の強すぎるセラピストには、時折、自分の仕事を究極の次元にまで高めていこうとする執着を抱えていることがかいまみえる方がいます。そしてこれは、セラピィにとって単に無益であるばかりか、有害な影響（クライアントを過度に追いつめていく）をもたらすことがある、とロウアンは指摘するのです。

十分に耳を傾けるに値する指摘でしょう。

スピリチュアルなことに関心を持つ人は、この世的なものを、浅薄なもの、陳腐なものとみなしがちです。そしてその代わりに、「究極の真理」に関心を向けたがります。

しかし、カウンセリングや心理療法においては、人間関係のトラブル、病、妙な癖やこだわりといった、きわめて現実的な問題を扱います。そして、それらの問題に取り組むプロセスの中で、スピリチュアリティは顔を出すのです。

カウンセリングや心理療法というきわめて現実的で地道な作業の積み重ねが要求される仕事のなか

で、カウンセラーやセラピストが自らのスピリチュアルな願望を持ち込みすぎてしまうと、カウンセリングのプロセスを歪めてしまうことになりかねません。スペリーは、カウンセラーがスピリチュアルな介入をしてはならない「絶対的禁忌」として、①「クライアントがスピリチュアルな介入にかかわりたがらない場合」、②「クライアントの主訴がスピリチュアルな事柄と無関係な場合」、③「スピリチュアルな介入を両親が認めない未成年の場合」などを挙げています（Sperry, 2001）。

カウンセリング場面において、スピリチュアルな「真理」は、家族の人間関係のもつれ、病、悪癖やアディクションといった日常的な「問題」の背後にチラリと顔を出すことを覚えておくべきです。

「スピリチュアル・カウンセリング」への警告２

スピリチュアルな志向性の強いカウンセラー（特に、ポジティブ・シンキングが好きなカウンセラー）は、自分には、人間の「悪」や「破壊的衝動」を軽視しがちな傾向があるかもしれないことに目を向けるべきである。スピリチュアリティはしばしば、人間の「悪」や「破壊性」の中にこそ、顕現するものである。

スピリチュアルな次元を重視する心理学の代表が、トランスパーソナル心理学です。トランスパーソナル心理学に対してこれまで投げかけられてきたさまざまな批判のうち、最も真剣に受けとめている批判の一つが実存心理学者ロロ・メイによる批判です。

事の起こりは、一九八六年、メイがある雑誌の中で、トランスパーソナル心理学者はリアリティを犠牲にして幸福を達成しようとしている、と痛烈な批判を加えたことにあります。それに対してトランスパーソナル心理学側も猛烈に反論し、議論は泥沼化していきました（May, 1986）。

しかし六年後（一九九二年）、二人のトランスパーソナル心理学者との対談の中で、メイの批判の真意が明らかとなります。

その対談においてメイはまず、前回の批判は、当時トランスパーソナル心理学の代表的な論客であったケン・ウィルバーと実りのない議論をおこなった後に書いたものなので、少々言いすぎてしまったかもしれない、と断りを入れたうえで、次のように真意を述べています。

「ウィルバーによれば、私たち人間はみな、エデンの園に向かって成長しつつあるのだという。私たち人間はより幸福になりつつあるし、さまざまな問題からも解放されつつあるのだ、と。これはしかし、不可能なことだし望ましくないことでもある。そんなふうになれば、私たちは人間であることをやめることになってしまう。このような考えと、私はずっと闘ってきた。楽園が自ずとやってくるというこうした考えと私はずっと闘ってきた。進歩は自動的にやってくるものではない。私たち人間は、努力なしによりよい人生に向かうことなどできない」(May et al, 1992, pp.307-317)

「とても大切なことは、トランスパーソナル心理学者がしばしば、たとえば怒りはきわめて建設的な感情になりうることを忘れてしまいがちだということである」(May, ibid)

メイはつまり、ウィルバーをはじめとするトランスパーソナル心理学者が、しばしばあまりに楽観的で予定調和的な考えを抱いていることに、異議を唱えるのです。

あまりに楽観的すぎる――これは、スピリチュアルな信念を抱いている人に対して、多くの人が感じたことのある違和感でしょう。メイの考えは、そうした声を代弁するものとして、耳を傾けるに値します。

先の批判でメイは「このような考えと、私はずっと闘ってきたのだ」と述べていますが、これは事実その通りで、ウィルバーとの対決から五年ほど遡る一九八一年、メイはロジャーズとも同じ問題――あなたの見方は楽観的すぎる――で対決しています (May, 1982, pp.10-23)。

人間の本性はあくまで建設的なものであり、手荒な出産や破壊的な教育制度によってそれが破壊されるのだと言うロジャーズに対して、人間の本性は「ダイアモニック」(diamonic)なものである、とメイは言います。ダイアモニックな衝動に駆り立てられる潜在力が、私たち人間の建設的行動と破壊的衝動双方の源泉であり、破壊的行動はダイアモニックな衝動を人格に統合しそこなった結果生まれてくるものである。したがってダイアモニックな衝動を人格に統合するのが心理療法の目的であり、だからこそセラピストへの怒りや敵意といったネガティブな感情の扱いがきわめて重要な意味を持つのである。しかしロジャーズはそれを無視している。またロジャーズは、人がそれを選びとるか否かにかかわりなく、新しい世界は必ずやってくると言うがなぜそう言えるのか。そのような楽観主義的かつ予定調和的な世界観は、行動主義の心理学者スキナーの説く環境決定論的ユートピアと変わるところがないではないか。そのように痛烈な批判を加えていったのです(諸富、一九九七)。

ロジャーズの理論が、メイの言うように人間のネガティブな感情を無視し軽視しすぎているものであるとは、私は思いません。ロジャーズの言う「実現傾向」や「宇宙の前進的傾向」は、そのうちに善も悪も含み込み、にもかかわらず前進していく力のことだからです。

また、ロジャーズの言う「受容」や「無条件の肯定的配慮」も、よく誤解されているような「無条件の愛」といった甘いニュアンスのものでは決してありません。それは、クライアントが語るいかなることも、それがポジティブなものであれネガティブなものであれ、いずれも無視しえない貴重な意味を持つものとして、大切に受けとめていく態度のことです。

私の見るところ、ロロ・メイのウィルバーに対する批判も、かなり浅薄なものです。ウィルバーは現在、トランスパーソナル心理学とは一線を画し、「インテグラル心理学」「インテグラル・スピリチュアリティ」と呼ばれる新たな立場を確立するに至っていますが、その精緻で壮大な思想は、とても単なる「楽観主義的かつ予定調和的な考え」と一言で括ることのできるものではありません。

このように、ロジャーズやウィルバーに対するロロ・メイの批判は、ロジャーズやウィルバー自身の考えについての深い理解を欠き、批判として不十分なものとなっているように、私には思えます。とは言え、「人間の持つネガティブなもの（破壊的なものや悪）の持つ建設的な意味」に目を向けるべきだというメイの考えは、それ自体としてはきわめて重要な意味を持つものです。また、スピリチュアリティに関心を抱く人の中に、「宇宙の波動とつながれば、すべては、うまくいく」といった、浅薄なポジティブ・シンキングに流れがちな方が少なからずいるのも事実です。

もし本書の読者のなかに、そうした単純なポジティブ・シンキングに流れがちな傾向がご自分にあると思われる方がおられたら、「悪や破壊性にこそ、人間の大きな潜在力が潜んでいる」というメイの指摘に真剣に耳を傾けるべきです。

第3章

カウンセリングにおいてスピリチュアリティが重要な意味を持つ場面とは

カウンセリングにおいてスピリチュアリティが問われてくるのは、どのような場面においてでしょうか。

ある種の「深み」を備えたカウンセラーや心理療法家のおこなうカウンセリングにおいて、スピリチュアリティが関与していない場面など、存在していないでしょう。しかし、そうした通常の場合とは異なって、際立つ仕方で、カウンセラーや心理療法家が「スピリチュアリティ」を意識せざるをえない、あるいは、スピリチュアリティがおのずと意識されてくる場面とは、どのような場面でしょうか。

まず、これまで私が経験してきたカウンセリングやグループワーク、ワークショップなどのさまざまな場面を思い出しながら、そこから「これは、スピリチュアルな意味がありそうだ」と思われる場面をいくつか、ピックアップしていきます。質的研究法の代表的なアプローチの一つであるIPA（Interpretational Phenomenological Approach: 解釈学的現象学的アプローチ）の研究者が、その研究の初期の段階において、さまざまなインタビュイー（面接対象者）の話の興味深い場面、「……ここには何かありそうだ……」と自分にとって「意味のあるひっかかり」が感じられる場面をいくつか取り出していくのと同じように、私自身がこれまで体験してきたあれこれの場面を思い出しながら、それをいくつかに分類してみましょう。

これから紹介するカウンセリングやワークショップのさまざまな断片については秘密やプライバシ

ーを守るため、具体的な細部については、本人が特定されないように内容を変更しています。また、スピリチュアリティという内面性の深部にかかわるテーマに即して具体例を紹介する場合、具体的な詳細を記述しすぎると、その個人の内面性に潜んでいる大切な何かを穢《けが》すことにつながるように思われます。そのため、場合によっては極度に抽象化し、そこで表現されているものの、いわばエッセンスのみを言語化していくことにします。

というのも、人間の内面深部のスピリチュアリティについて記述していながら、その記述の仕方にスピリチュアリティがまったく感じられず、とても機械的で乱暴な気配が漂っている文章を目にすることがしばしばあるからです。

スピリチュアリティは、もとより、「言葉を超えており、言葉にならないもの」「目には見えず、形として表現しえないもの」です。

けれども「その人にとっては重要な意味を持つ何か」です。ヴィトゲンシュタインではありませんが、「言葉にできないことは言葉にしないままにとどめておく姿勢」――この姿勢を保つことが、スピリチュアリティに対する畏敬の念を保つことにつながるように思います。

カウンセリング場面においても、クライアントの方が、それまで話していた話の流れを突然、中断させ、

「うん……………う…………（7分経過）…………うん…………ん？…………」

と黙り込む、沈黙の時間が訪れることが、あります。そして、その沈黙の時間にこそ、最も濃密なスピリチュアリティがカウンセリング・ルーム全体に充満していると感じられることが、しばしばあります。

クライアントが自分の内面に深く降りていき、そこで「何か」を探す、言葉にしようとしてもならない「…………」の場面。その「…………」においてこそ、スピリチュアリティが満ち溢れているように感じられることがあります。

本書がカウンセリングにおけるスピリチュアリティをテーマとする以上、具体的な事例について記述するときには、この濃密な沈黙の時間にチューニングしながら、言葉にしていきたいと思います。カール・ロジャーズは、カウンセリングにおいて最も重要なことは、カウンセラーやクライアントが「何を語るか」でなく、「どのように語るか」である。したがってまた、カウンセラーやクライアントが「何を語らないか」が重要な意味を持つ、と言っていました。このことを念頭に置いて論を進めていきましょう。

まず、「スピリチュアル・カウンセリング」の前提、基本条件となるところから始めましょう。

「深い沈黙の時間」にこそ、濃密なスピリチュアリティが満ち溢れる

カウンセラーが、みずからの心の深いところに意識をとどめ、たましいを込めながら、クライアントの悩みの一つひとつを、ていねいに、ていねいに耳を傾けながら傾聴していくことができているとき、そこにしばしば「………」という深い沈黙の時間が訪れる。

カウンセリングにおいてしばしば訪れる、この「間」、この「深い沈黙の時間」にこそ、最も濃密なスピリチュアリティがカウンセリング・ルーム全体に満ち溢れる。クライアントが自分の内面に深く降りていき、そこで「何か」を探す、言葉にしようとしてもならない「………」の場面。その「………」に、カウンセラーが同じ深さの次元においてとどまるとき、そこにスピリチュアリティが満ち溢れ出してくる。


「スピリチュアル・カウンセリング」において最も重要なことは、カウンセラーが、カウンセリングの空間全体を、クライアントの「たましい」がみずからを語り、「スピリチュアリティが顕現する場」となるようにそこを支えていくことです。

それは、カウンセラーが、静かな安心できる空間をつくり、クライアントがみずからの内奥のスピ

リチュアリティ（たましい）に触れていくのを支えていくことです。そしてまた、カウンセラー自身がみずからの内奥のスピリチュアリティ（たましい）とつながり、その次元にとどまりながら、たましいを込めて、クライアントの悩みの一つひとつを、ていねいに、ていねいに耳を傾けながら真に聴いていくことでもあります。

クライアントのスピリチュアリティ（たましい）はそのような姿勢でカウンセラーが深く耳を傾けていくとき、次第に、みずからを語り始めます。比喩的に言うならば、クライアントのスピリチュアリティ（たましい）が、まずクライアント自身に「降りて」きて、そして次第に、面接室全体に「降りて」ゆき、クライアントを通して、みずからを語るのを援助していくのです。クライアントは言わば、スピリチュアリティ（たましい）がみずからを語るための「媒体」となっていくのです。

そして、そのことが可能になるためには、私が前著『はじめてのカウンセリング入門（下）ほんものの傾聴を学ぶ』（誠信書房）で述べた、「真実の、深い傾聴」がおこなわれていることが前提となります。

前著で私は、傾聴を五つのランクに分けて論じました。

「スピリチュアル・カウンセリング」の基本条件としては、最低でも、私が前著で「話し手が安心して、自分の内側に深く入っていくことができる傾聴」（ダブルAの傾聴）として紹介した傾聴ができていることが前提となります。

では、「話し手が安心して、自分の内側に深く入っていくことができる傾聴」とは、どのような傾聴でしょうか。

それは、話し手が、聴き手の応答を聞いているうちに、安心して、自分の内側にふれ、その奥にスーッと深く入っていくことができるような、そんな傾聴です。

くわしくは前著をお読みいただきたいと思いますが、この傾聴で重要なのは、「適切な内容をすばやく伝え返す」ことではありません。

重要なのは、どのような雰囲気、どのような話し方で、カウンセラーが、クライアントの迷いや苦みとまさに同じ次元にふみとどまっていていることを伝えていくことができるか、ということです。

カウンセラーは、一方では虚心にクライアントに耳を傾けながらも、同時にまた、話を聴いているときの、自分の内側にていねいにふれながら、自分の内側と「一致」して、自分の内側に深く入り込みながら、そこから言葉を発していきます。カウンセラーがそのような姿勢で傾聴していくからこそ、クライアントのほうも、安心して、自分自身の内側に入っていきやすくなります。安心して、ていねいに、自分の内側にふれることができるようになっていくのです。

私は前著で、一例として、次のようなカウンセリングの練習場面を紹介しました。

話し手（クライアント役）：（しばらく目をつぶって、自分のテーマについて、自分の内側の感じを感じている）……

今日お話したいのは、「自分のこれからの生き方」について、です。今ちょっと、このテーマについて、内側で感じていたのですが……そこで出てきたのは……「根本は間違っていない」ということです……。

聴き手（カウンセラー役）：…………根本は……間違っていない…………。

話し手：ええ、ええ…………根本は、間違っていない…………自分の深いところで進んでいる、基本的な方向は、間違っていないと、そう確信を持つことができるんです。ただその一方で……何か……もっと表面的な部分では、それとちょっと違うことをしている……。

聴き手：…………ちょっと、違うこと…………。

話し手：ええ、ええ、ちょっと、違うこと…………なんて言ったら、いいんでしょうねえ…………（沈黙40秒）…………そうですね、毎日、あれこれあれこれ、目の前にあることを次々やっていると、いつの間にか、自分がもっと深い、根本的なところで進んでいる方向とは、いつの間にか、食い違ってしまっているというか…………うーーーん……。

聴き手：表面的なところと、深いところが、何か、食い違ってしまっている……。

話し手：……うーん……というよりも、ですね…………あ、そうか…………（沈黙20秒）…………二つがあって、それが食い違っているっていうよりも…………まず、根本的なところがあるんです。それでその深いところの方向性は決して間違っていないんです…………でも……そう、そうですね………その根本的なところの方向性が、毎日の生活の中で、生かされていないというか………。

聴き手：………根本的なところの方向性は、決して間違っていない。けれども、それが、毎日の生活の中で、じゅうぶんには生かされていない……。

話し手：ええ、ええ、そうですね………せっかく、深いところでは、正しい方向に進んでいるのに、それが毎日の生活の中で具体化できていない……どうすればいいんだろう………どうすれば、もっと、毎日の生活を、根本的なところの方向性に合わせていくことができるんだろう……。

聴き手：今、ご自分の中で一番ひっかかっているのは、せっかく、深いところでは、正しい方向に進んでいる……それをどうすれば、もっと、毎日の生活のなかで具体化できるか、ということ……。

話し手：ええ、ええ、そうですね…………「私の毎日の生活は、私の深いこころの流れを映し出した作品です」って言えるような感じになれば、っていうか……。

聴き手：あぁ、あぁ………毎日の生活は、自分の深いこころの流れを映し出した作品って、そんなふうに………。

このような、たましいのこもったていねいな傾聴ができていることが、「スピリチュアル・カウンセリング」の基本です。

たましいのこもった傾聴ができていない、雑なカウンセリングの空間に、スピリチュアリティが顕現してくることはありません。

くり返しますが、重要なのは、「適切に、すばやく伝え返す」ことではありません。重要なのはカウンセラーが「何を言うか」ではなく、「どのような雰囲気で」「クライアントの方の、こころの深い次元に、共にとどまっていることを伝えていくか」です。

ゆっくりと、でかまいません。十分に「間」をあけて、クライアントの迷いや苦しみを同じ次元にふみとどまって聴いていくことが重要です。

カウンセリングにおける、その「間」において、スピリチュアリティは顕現してくるのです。

慢性的な「空虚感」「軽うつ」こそ、スピリチュアル・カウンセリングの重要なテーマ

慢性的な「空虚感」それ自体がクライアントのテーマとして語られる場合。
現代社会で誰もが直面せざるをえない、この慢性的な「空虚感」「軽うつ」こそ「スピリチュアル・カウンセリング」の最も主要な対象である。

実存的な「空虚」それ自体を主訴として語るクライアントの方も少なくありません。しかし、より多いのは、何らかの表面上のテーマ——たとえば、家族関係の問題や職場の人間関係の問題など——を背景として空虚感が語られる場面でしょう。

十年ほど前から、自分の人生につきまとう漠然とした空虚感それ自体をテーマとして来談される、精神疾患をともなわない中高年のクライアントの方が、増えてきているように思われます。

ユングが「人生の午後」の問題として指摘した中年期クライシスの問題は、平均寿命が伸びるにしたがって、さらに大きな課題となってきているように思われます。

ここで紹介したいのは、私がファシリテーターを務めたあるエンカウンター・グループの参加者の次の言葉です。

「私、皇居のまわりをジョギングしている中高年の方を見ていて、悲しくなることがあるんです。雨の日でも、嵐の日でも、走るのを休むことができない。体調が悪そうなときでも、同じスピードで走り続けていて……いったん、走るのをやめてしまうと、何かが壊れてしまうことを知っていて、だから止まることができないみたいな……」

参加者に中高年の方が多かったこともあってか、このグループではこの言葉をきっかけに、それまで人生を全力で走り続けてきた人が中高年になって「スピードを遅くしたり」「止まったり」しながら、それでいて、「不全感」を抱かずに生きていくことは可能なのかどうか、いったいどうすればそうできるのか……といったことが語られていきました。

人生は、絶えず全速で走り続けることはできない長い道です。

仕事ばかりを全速で走り続けると、体調とか、家族とか、趣味とか、他の何かを犠牲にしてしまうことになります。

しかし一方で、スローダウンしていくと、どこかで如何ともし難い「不全感」が心の中に残るのもまた、事実です。

「このままどこかで自分にブレーキをかけながら生きていって、次第に枯れていく……。果たしてそれで、いいのだろうか、と思う。うまく枯れることができるのなら、それでいいけど、何だか、〈枯れていっている〉んじゃなくて、〈腐ってきている〉ような気もする。ポキッと折れないようにブレーキをかけながら生きていって……それでいて、腐らずに、うまく枯れていくのって……難しい」

このエンカウンター・グループでは、参加者に共通のテーマとして、この問題が語られていきました。

日本をはじめとする先進国では、その国で生きているだけで、ほぼ自動的に軽うつに近い不全感を抱えざるをえないようになっているのではないでしょうか。

葛西（二〇一〇）が指摘するように、カフェインとアルコールを許容することで、自分の中の不全感に目をつむって、自分を奮い立たせて生きていけるようになっているシステムの中で、私たちは生かされています。

しかしその誤魔化しが通用するのもせいぜい，四〇代前半まで。四〇代も半ばをすぎると，どうやってこの実存的な不全感と折り合いをつけながら生きていくのかが，多くの人にとって，人生の中心テーマとして意識せざるをえなくなってきます。

では，どうすればいいのでしょうか。

ここに，カウンセリングや心理療法にスピリチュアリティをその本質的な一部として取り入れることの，つまり，「スピリチュアル・カウンセリング」の最大の意味が存在しています。

人間は，みずからの内奥のスピリチュアリティと深くつながることなしには，人生を意味あるものと受け取って生きていくことは到底，不可能です。

「スピリチュアル・カウンセリング」の意味，カウンセリングにスピリチュアリティを包含することの最大の意味はここにあります。

それは，現代社会を生きる私たち一人ひとりが――カウンセリングや心理療法の場を訪れるか否かにかかわりなく――みずからの内奥のスピリチュアリティと深くつながって生きていくことができる社会をつくっていくことです。

かつてフランクルが「大衆精神療法」とみずからの著作活動や講演活動の意味づけをおこなったのと同様に，しかしフランクルの時代とは異なる仕方で，現代人の一人ひとりがみずからの内奥のスピリチュアリティとつながり、お互いを支えあっていく社会をつくっていくことが急務なのではないでしょうか。

人生を意味あるものと感じながらその道を最後まで歩んでいけるような仕方で支えあっていく社会を創造していくこと。これが「スピリチュアル・カウンセリング」の取り組むべき最大の課題です。

このことを端的に示してくれているのは、ミンデルの次の言葉です。

少々長くなりますが、この問題こそ、「スピリチュアル・カウンセリング」の存在理由である、とも言える重要な指摘ですので、できる限りそのまま、引用しましょう。

「あらゆる地域で、人びとは慢性的な軽い抑うつに悩まされている。なぜなら、日常的現実にのみ焦点を当て、その背景にあるドリーミングを忘れるようにしつけられているからだ（筆者注：「ドリーミング」とは、ほとんど言語化できない漠然とした感覚や直観。「プロセスと流れ」があらゆる心理学や霊的伝統の中核であると考えるミンデルの中心概念であり「スピリット」とほぼ同義。最近では「プロセスマインド」とも呼ばれる)。……（中略）……

おそらく、あなたが世界のどこに住んでいようと、周囲の人びとの多くは自分の人生には何かが欠けていると感じているだろうし、それどころか人生とは本来特別な何かが欠けているものなのだと思い込んでいる人さえいるだろう。休みの日が来ると、私たちはこのかすかな抑うつを最も一般的な形で感じることになる。人生など特別なものではなく、終わりまでひたすら生きるだけのものだ、と感じてしまうのである。……（中略）……

問題がどのような形で現れようと、多くの抑うつや生気のなさの根本にあるのはドリーミングの無視である。ドリーミングがなければ、人生の半分を生きているにすぎず、世界の半分を見ているだけである。

この地球規模で蔓延する流行病に対する簡単な解決策は、ドリーミングとのつながりを回復することだろう。自分の身体の動きや、人間や自然環境との関係において自分が送ったり受け取ったりするシグナルの中にあるドリーミングに気づくことを学ぶのだ。

おそらくあなたはすでに、夢に注意を払ったり、瞑想を行ったり、古来のスピリチュアルな教えを手本とすることで、慢性的な軽い抑うつを解決しようと試みているかもしれない。こうした方法は人生の意味を見いだす助けとなるので重要だ。しかし、ドリーミングは意味さえ超えている。ドリーミングはあなたの意味の感覚や最も深い信念を含む、すべての体験の源泉なのだ」（ミンデル『24時間の明晰夢』〈藤見・青木訳、二〇〇一、九－一〇頁〉）

「複雑な諸問題をあまりにも簡略化して捉えるのは愚かなことだが、ドリーミングの視点からすれば、人生の複雑さにもかかわらず、実はたったひとつの問題しかない。それは現実の背後にあ

るドリーミングを無視してしまうことだ」(同、八頁)

「はじめに」でも記したように、「スピリチュアル・カウンセリング」のもっとも重要な対象は、こうした「さまざまな悩みや迷い、苦しみを抱えながら、現代社会の中をさまよいながら生きているすべての人」です。

現代人の多くは、毎日をせわしなくすごしながら、表向きは仕事でも私生活でも特に大きな問題を抱えることがなくても、深いところでは人生の「方向喪失感」に苛まれています。「私の人生はこれでいいのだ」「この方向で間違っていなかったんだ!」という確かな感覚をつかむことができないままに、日々を送っています。つまり、多くの人は、「心理的、社会的には、この世界に何とか適応しながら」生きていつつも、こころのもっと深い次元(たましいの次元)においては、「どこかしっくりこない、という違和感」や「不充足感」「違和感」を抱えながら生きています。そしてこの違和感が深まっていくと「私が生まれてきたことには、何か意味があるのだろうか」「生きている意味を実感することができない」という「実存的な空虚感」となっていくのです。

こうした心の奥深くでの不全感や不充足感、人生の方向喪失感を抱えて生きている人が「スピリチュアル・カウンセリング」の主たる対象です。

多くの迷いを抱えた人が「私はこう生きていけばいいんだ」という方向感覚を探り当てていくのを

支えていくことができるような、「たましいの次元における自己探索支援のカウンセリング」＝「スピリチュアル・カウンセリング」なのです。

「喪失体験」を支えるのに、スピリチュアルな視点は不可欠

「事故による家族との突然の死別」「勤務していた会社の倒産やリストラ」「回復不可能な重い病」などの「人生に突然現れる大きな喪失体験」……こうした危機的場面に直面したクライアントはしばしば、「なぜこの私が、このような目に遭わなくてはならないのか」とその出来事の「実存的な意味」を問わざるをえなくなります。

こうした「突然の実存的危機」を支えるとき、スピリチュアルな視点は不可欠なものとなります。

たとえば、愛する息子が交通事故で亡くなってしまう。

愛し合ってきたと思っていた妻（夫）から、突然別れを切り出される。

信頼していた相手から、突然、裏切られる。

生まれた子どもに、大きな障害があると知らされる。

多くの人の人生には、こうした、天を仰ぎたくなるような出来事が、突然訪れます。天を仰いで「いったい、なぜこの私に、こんなことが……」と、「声にならない意味への叫び」を、あげざるをえなくなることも一度や二度ではないでしょう。

「神様は、耐えることのできる試練しかお与えにならないはずなのに、いったいどうして、この私に、こんなにも多くの悲しい出来事が一度に降りかかってくるのですか?」

そう問いたくなる方もおられると思います。

この実存的な問いに、科学的、合理的な答えなどありません。

クライアントの方自身が、本当に納得のいく答えを自分自身で見つけていくのを援助していくほかないでしょう。

多くの方がこうした実存的な問いを問わざるをえなくなった出来事の一つが、本書執筆中に起こった東日本大震災でしょう。

被災されてお亡くなりになった方のご遺族が、こうした実存的な問いを発さざるをえなくなるのは、当然のことです。

直接の被災者の方ばかりではありません。

たとえば、9・11、ニューヨークのテロ事件の際もそうでしたが、世界全体が大きな悲しみに包まれるような出来事に直面した際、それをテレビで見ただけの人の中にも、自分の生きる意味や目的を、「生とは何か、死とは何か」を問うようになる方がおられます。

当然のことです。

人間なんて、いつ、何が起きて、突然「死」という真っ暗闇の中に永遠に放り出されるか、わからない。そんな人間の無力さ、人生の儚《はかな》さを、私たちは、先の大震災で、否応なく知らしめられたのですから。

多くの人が、かけがえのないいのちを奪われていく現実を目の当たりにして、ふと、こんなことを考えた方もおられると思います。

「なぜ、あの方たちがなくなって、この私が生きているのだろう」

「亡くなったのが、あの方たちで、私ではなかったのは、なぜなのだろう」

「私が今、こうやって生きていること、これからも生きていくことには、どんな意味があるのだろう……」

そんなことを、ふと、考えた方も少なくないと思います。

多くの人にとって、あの震災は、「生きることの意味」を、「これから生きていくことの意味」を、そして「今、このいのちが自分に与えられていることの意味」を真剣に問わざるをえなくなる出来事でした。

いのちは、かけがえのないものであること。

大切な時間は、二度と戻ってこないこと。

大切な人と触れあう、あの時間も、二度と戻ってはこないこと。

私が今、こうやって生きていること、これからも生き続けていくことには、やはり、意味があるのではないか。何か、果たすべき使命が与えられているのではないか。だとすれば、それは、いったい何なのか……。

「残されたいのち」として、自分は今、何に取り組むべきなのか。

多くの人が、「声にならない叫び」として発しているこうした実存的な問いの探索を支えていくためにも、スピリチュアルな観点は不可欠なものです。

「私はどんなスピリチュアルな道を歩んでいくべきか」という迷い

クライアントが、自分は、これからの人生で「どのようなスピリチュアルな道を選択し、歩んでいくべきか」困惑し葛藤している場面。宗教上の葛藤のみならず、いわゆる無宗教の人でも、スピリチュアルな学びの場をどこに求めるべきか、多様なスピリチュアルな道が混在する中で深い悩みや迷いを抱えている人が少なくない。そうした多くの人の迷いと自己探索の過程を支えていくことは、「スピリチュアル・カウンセリング」の最も重要なテーマの一つである。

「私は、スピリチュアリティや、スピリチュアルな人間になることには、とても関心があります。けれども私は、宗教には関心がないんです。私は、スピリチュアルではあっても、宗教的ではないんです」（ある大学院生の言葉）

右のこの言葉は、デーヴィッド・N・エルキンス著『スピリチュアル・レボリューション――ポストモダンの八聖道』第一章の冒頭に記された言葉です。

「私は宗教を信じてはいないけれど、スピリチュアルではありたいと思っています」

この言葉が、現代の米国や英国では一九六〇年代から、そして日本でも一九八〇年代から「ごく普通の人の普通の感覚」になりつつあります。

特定の宗教を信じなくても、スピリチュアルでありうる道が存在していること。教会や寺院に通うことなしに自分の魂を養うことができること。この道を多くの現代人が選びつつあるのです。

エルキンスによれば、この宗教からのスピリチュアリティの分離は、現代の主要な社会的変化の一つであり、西洋における宗教革命以来の最大の出来事の一つです。
エルキンスによれば、米国におけるスピリチュアル・レボリューションは、次の三つの波によって推し進められてきました。

第一の波：一九六〇年代のヒューマン・ポテンシャル・ムーヴメント　人間性心理学の開拓者であるとともに、晩年は「人間中心の心理学ではなく、宇宙中心の心理学」が必要であると説き、トランスパーソナル心理学の基礎を築いたアブラハム・マズローは、組織宗教の独占状態からスピリチュアリティを解放する道を開きました。多くの人がセラピーやワークショップに参加し、一九七八年におこなわれたギャラップの世論調査によれば、一千万人のアメリカ人が東洋の諸宗教に救いを求め、九百万人が何らかのスピリチュアルな癒し（ヒーリング）に熱中したといわれています。

第二の波：一九八〇年代のニューエイジ・ムーブメント　今、この時代こそ、宇宙と人間の進化の転換期＝ターニングポイントであり、私たち人間が世界規模で根源的な精神的変革をとげて「新しい時代＝ニューエイジ」に突入しようとしている、とする運動です。雑誌『ニューエイジ・ジャーナル』が特にインテリ層を中心に何十万人もの読者を獲得し、何百万人ものアメリカ人が輪廻転生、前世療法、チャネリング、スピリチュアル・ヒーリング、ニューエイジ・ミュージック、クリスタル等に熱中しました。シャーリーン・マクレーンらがこの運動を代表するスターとなったのもこの時期です。

第三の波：一九九〇年代に起こった「魂ブーム」　トーマス・ムーアの『魂のケア』『ソウルメイト』、ジェイムズ・ヒルマンの『魂のコード』が大ヒットし、多くの読者が熱中しました。ヒューマン・ポテンシャル・ムーブメントやニューエイジ・ムーヴメントが人間の心の明るい側面、光の部分に焦点を当てたのに対し、魂という概念は人間の心の暗い側面、闇の部分にも焦点を当てたものです。しかし、世間では、本来の意味とはまったく異なる仕方で流布していったようです。霊の話から親しい友人関係の話に至るまで、あらゆる文脈で魂（ソウル）という言葉が使われるようになっていったのです。

またこの時期に、宇宙のスピリチュアルな法則にもとづいた、良質の心理学の自習プログラムである「奇跡のコース」（コース・イン・ミラクル）が、スピリチュアリティに関心を抱く多くの人の間で熱狂的な支持を集めました。

東洋の諸思想も、現代の欧米人の生き方に大きな影響を与えました。特に心理学に最も大きな影響を与えたのは「禅」の思想でしょう。中でも、ベトナムの禅僧で平和活動家であるティク・ナット・ハンの唱えた「マインドフルネス」という考えは、この数年の間に、急速に第三世代認知行動療法に取り入れられつつあります。

「気づき」とは、今ここ、この瞬間に目覚める力であり、毎日の生活の一瞬一瞬に意識的に触れる練習です。気づきをもつことで、私たちは今この瞬間に真に生きること、周囲の人たちや周りで起こっていることと一つになることが可能になる——そうしたシンプルな考えは大きな説得力を持ちました。また、ティク・ナット・ハンは、宇宙にあるすべてのものは相互に依存しあって存在しており、それ自体で独立した実体などない、という「縁起」の思想を、「インタービーイング」という造語で西欧世界に伝えていくことに貢献しました。「ここにある」とは、「共にあること」であり、他のすべてのものと共に存在していることである。したがって、自分の行動を深く深く見つめていけば、自分にとっても地球にとっても平和な生き方が自ずと見つかるはずだ、というハンの思想は、シンプルな説得力と、実践性に満ちています。

二〇〇〇年代に絶大な影響力を持ったのは、『パワー・オブ・ナウ』などを著したエックハルト・トールです。トールは、思考の悪循環が不安や恐怖を作り出すこと、したがって不安や恐怖からみずからを解放するためには「今、ここにある」という真実に意識を集中せよ、というシンプルで深遠な思想を説きました。私の理解では、トールの思想には、ティク・ナット・ハンの唱えた「マインドフルネス」の意義をより深く理解することに通じる深遠さが備わっています。しかも、トールは仏教をはじめとした「どの宗教にも属さない瞑想の教師」です。日本のカウンセリングの世界でも、もっと高く評価され注目されるべき存在だと思います。しかし、日本ではトールはまだほとんど無名のようです。私たちが陥りがちな実体論的な思考から解放してくれる、シンプルで良質な思想であるだけに、残念です。

トランスパーソナル心理学の代表的な理論家であったケン・ウィルバーは、この数十年の間に生じたこうした思想の潮流には総じて批判的です。とりわけ、近未来にグローバルな精神的変革がおこって新しい時代（ニューエイジ）がやってくる、とする終末論的発想にはハッキリと異を唱え、ニューエイジはナルシシスティックな自己中心主義に陥っている、と批判します。ウィルバーによれば、真のスピリチュアル・レボリューションには、あと数千年はかかるのです（ウィルバー、一九八七）。

ウィルバーはその後、『進化の構造』（Wilber, 1995）以降の著作において、みずからが多大な影響を与えたトランスパーソナル心理学もやはり自己陶酔的な傾向を拭えないとしてこれと決別し、インテグラル思想という、心理学や精神世界の範疇には収まりきらない、文明論的・進化論的・発達論的な視座を持つマクロな思想を展開していきます。

一方、日本では、これら欧米の思想はごく一部の読者の間では支持を集めていましたが、大きな広がりは見せませんでした。

そのため、多くの日本人は「スピリチュアルな学び」の「質」について判断するための材料を獲得する機会に出会えずにきました。残念なことです。オウム真理教事件から約十年が経過した後、江原啓之氏によるスピリチュアル・ブーム（霊能ブーム）が席巻しました。しかしこのブームも、現在は沈静化しつつあり、今は霊能に代わって、神社などのパワースポットめぐりが流行しているようです。

私は、この傾向は健全なもののように思います。下巻でくわしくは述べますが、「観念的なスピリチュアリティ」は、まじめで内省好きな人の、自罰的な内閉化傾向を強化したり、カリスマティックな人物への依存性を助長してしまうところがあるからです。

その点、パワースポットめぐりには、その危険性がありません。「理屈で考えるのではなく、ただその〝場〟にいることで、身体を通して静かに感じ取ること」ができます。

いずれにせよ、現代人が「宗教的ではないけれど、スピリチュアルな生き方」を歩んでいこうとするとき、ありとあらゆる多様な選択肢の前に立たされることになります。そうした中から、自分にフィットし、みずからのたましいの成長に役立つものを選択していくのは、そう簡単なことではありません。

私が、在外研究員として在籍していた米国トランスパーソナル心理学研究所（ＩＴＰ）では、心理療法家の資格とは別に「スピリチュアル・ガイダンス」をおこなう「スピリチュアル・ディレクター」という資格の認定と養成プログラムが存在していました。心理的に不適応の状態にはないけれど、スピリチュアルな道の選択で迷っていたり、葛藤を抱えていたりする人を援助するための資格認定のプログラムです。

「特定の宗教を信じてはいないけれど、スピリチュアルに生きたいと思っている人」は、日本でも急増しています。そして、「何をどのように学び、どの道をどのように進んで成長していけばよいか」多くの迷いを抱えています。こうした人を支えるために、日本でも「スピリチュアル・ガイダンス」の資格認定と養成プログラムを大学院レベルでおこなう必要が、そろそろあるのではないでしょうか。

スピリチュアル・エマージェンシー（たましいの危機）を支える

クライアントがスピリチュアル・エマージェンシー（たましいの危機状態）にあると考えられる場合

人が、聖なる真理に目覚めるとき、その直前に精神の危機に瀕する場合があることはよく知られています。キリスト教的な文脈で言えば「たましいの暗夜」、ユング心理学的には「創造の病」と呼ばれているのが、それです。

トランスパーソナル心理学の創設時から中心的な役割を果たしてきたスタニスラフ・グロフとその妻クリスティーナは、ある人があまりに急激なスピリチュアルな成長の途上にある場合、本人にも得体の知れない不思議な体験——神秘体験、自然や宇宙と一体になる体験、過去生の体験、神秘体験、憑依、チャネリング（霊的交信）、UFOとの遭遇の体験、臨死体験、自分ではコントロールできない強烈なエネルギーがからだ中を流れる体験（ヨーガで言うクンダリーニの覚醒）など――に突然襲われることがあることに着目しました。そしてこれを「スピリチュアリティの突如とした発現」という意味でスピリチュアル・エマージェンス、それによって本人を襲う「精神的な危機」「緊急事態」という意味でスピリチュアル・エマージェンシーと名づけました。スピリチュアルな危機は、同時にスピリチュアルな覚醒の機会でもある、というわけです。

このような、自分でもわけのわからない不思議な体験をして混乱し、しかし人に言っても笑われるだけなので、誰にも言えず胸にしまったままでいる。そんな人は、けっこうまわりにいるものです。私が授業や講演などでスピリチュアル・エマージェンシーの話をすると、後で必ず「先生、実は私も……」と言う人が出てきます。

「スピリチュアリティの発現」という意味では、この体験は本人の人生にとって大きな意味を持っています。しかしそうした体験の突如とした訪れに自分でもどうしてよいかわからず混乱し、場合によっては日常生活に支障をきたすこともあります。たとえばクリスティーナが報告するケースでは、ある女性が日没時にビーチを一人で歩いていたところ、突然美しい光を見て宇宙との一体感を体験したといいます。しかし、恍惚としたまま帰宅して興奮しながらその話を家族にしたところ、どうしていいか困った家族に精神病院につれていかれ、以降、薬漬けと入退院の日々がくり返されたといいます。

こうした体験をした人に必要なのは、その人の話をありのままに聴き、受け止め、その体験の持つスピリチュアルな意味を理解してくれる人の存在です。グロフの妻、クリスティーナ自身がこうした危機の体験者で、夫のグロフの助力によってそれを克服しています。そこでグロフ夫妻は、こうした体験をした人びとを支えるネットワーク組織、ＳＥＮ（スピリチュアル・エマージェンス・ネットワーク）を開設しました。

こうした活動を反映して、一九九四年に改訂されたアメリカ精神医学会の診断基準ＤＳＭ－Ⅳでは、スピリチュアリティの発現による心の危機状態を精神病状態と区別して記すようになりました。「精神病と誤診される神秘体験」が存在している一方で、「神秘体験をともなった精神病者」も存在するわけで、かなり慎重な対応が望まれます。精神病とスピリチュアル・エマージェンシーを区別するうえでグロフ夫妻は、自分の体験をあくまで自分の心の内側での体験であると認識し、外の現実での出来事と混同していないことを重要視しています。

困難事例で、「症状の克服」でなく、「症状と共にある」ことが求められるとき、スピリチュアルな視点が不可欠となる

心因性の症状が長期化したり、なかなか回復しなかったりする困難なケースで、「症状を受け入れ」「症状と共にいる」ための援助が必要な場合。

こうした困難な事例においてこそ、スピリチュアルな視点が重要な意味を持つ。スピリチュアリティとのつながりなしでは、症状をそのまま認め、それと共にあることは困難だからである。

カウンセリングや心理療法においてスピリチュアルな視点がとりわけ重要な意味を持つのは、症状が長期にわたって固定化されていたり、なかなか改善の兆しがみられなかったりして、社会生活への復帰にかなり時間を要する困難なケースにおいてでしょう。

たとえば、夫との関係で苦しんだことをきっかけに、うつ病のさまざまな症状が発症し、その症状がほぼ固定化したまま八年ほど苦しみ続け、社会復帰がままならない三〇代後半の女性。あるいは、ある友人との激しいやりとりをきっかけに、激しい動悸や目まい、さらには、胸をガラスの破片で切り裂かれるような痛み、といった身体症状に毎日のように苦しめられる状態が四年以上続いている四〇

代半ばの女性。

こうした方が問題解決志向、症状除去志向の強いカウンセラーやセラピストのもとを訪れ、短期間のうちに問題の解決や症状の除去・軽減に成功するならば、それはもちろんすばらしいことです。しかし、スピリチュアルな志向性を明確にしているカウンセラーや心理療法家のもとを訪れるクライアントの少なからずは、問題の解決や症状の除去・軽減を直接目指しても、なかなかうまくいかない方です。そしてそうしたクライアントの少なからずは、長期間の苦しみの果てに、ある種の「底」を体験します。そしてそのとき、この症状はいくら消そうと思っても消せないものだ、という「諦念」に似た状態が訪れます。

しかし、その諦念、自分の症状は消えないものだという現実を受け入れることは、当然ながら、しばしば大きな苦しみをともないます。これを支えるのが、スピリチュアルな志向性を持つカウンセリングの一つの意味とも言えるでしょう。

アルコール依存症者のためのセルフヘルプグループとしてよく知られているＡＡ（アルコホーリクス・アノニスムス）でよく用いられている「平安の祈り」という短い詩があります。

神様私にお与えください
自分に変えられないものを受け入れる落ち着きを

変えられるものは変えていく勇気を
そして二つのものを見分ける賢さを

この詩には、スピリチュアルな志向性を持つカウンセラーの役割が端的に示されているように思われます（しかし少し後で述べるように、私であれば「変えられるものは変えていく勇気」と「自分に変えられないものを受け入れる落ち着き」の二つに加えて、「変えられないものに頭を垂れる姿勢」を挙げたいところです）。

いずれにせよ、問題解決志向のカウンセリングによって「変えられるもの」を変えた後で、そこでなお残る「変えられないもの」を受け入れるために、多くのクライアントは、私たちのもとを訪れます。そこで私たちカウンセラーは、最初、彼ら彼女らを受け入れ、支えますが、しかし同時に徐々に、自分の存在を小さくしていきます。「変えられないもの」をクライアントに「受け入れさせる」のが、カウンセラーや心理療法家の役割ではないからです。

「平安の祈り」の表現を借りるならば、カウンセラーや心理療法家の役割は、クライアントが、「変えられるものは変えていく勇気」と「自分に変えられないものを受け入れる落ち着き」と、そして「二つのものを見分ける賢さ」を「神様から」得ていくための「媒体」となり、「容器」となることにあると言えるでしょう。すなわち、クライアントが、自分にとって重要な意味を持つ「スピリチュアルな何か（大いなる何か）」「自分のうちなるスピリチュアルな知恵」とつながっていくための「媒体」

となり「容器」となることが、カウンセラーや心理療法家の大きな役割なのです。

このとき、最も戒めなくてはならないのは、「変えられないものを受け入れる落ち着き」をクライアントに与えてやろう、といったカウンセラーの傲慢な態度です。カウンセラーや心理療法家のこうした傲慢さが、カウンセリングという場のスピリチュアリティを損ない破壊してしまうことがしばしばあります。

クライアントが「自分に変えられないものを受け入れる落ち着き」を手に入れていくのをカウンセラーや心理療法家が援助するとき、重要なのは、カウンセラーとクライアントの「あいだ」に、「第三のもの」を置くことでしょう。その「第三のもの」は、「カウンセラーとクライアントの二者を超えて、両者を支え、包み込む何か」です。支え包むばかりでなく、「両者を厳しく見つめ、戒め、両者がそれに向けて頭を垂れることを求めてくる何か」であり、「畏怖の対象」でもある「何か」です。

「症状や問題」は、その内側に入っていくと、たましいの学びへのガイドとなる

長期化したり、回復がなかなか生じなかったりする困難なケースで、ただその「症状の除去や問題の解決」を受け入れるにとどまらず、その「症状や問題の世界」の内側にクライアントがみずか

ら主体的に入っていき、「症状や問題の意味」を見つめ、そこから気づきや学びのきっかけを得ていく場合

先ほど「平安の祈り」の詩について、私であれば「変えられるものは変えていく勇気」と「変えられないものを受け入れる落ち着き」と共に、「変えられないものに頭を垂れる姿勢」を加えたいと思う、と述べました。それは、次のようなことです。

長期化するケースにおいて症状や問題がなかなか改善されない場合、あるとき、クライアントの苦しみ、のたうちは「底」をつきます。そして徐々に、「症状や問題を何とか解消しよう」という姿勢から、「症状や問題を受け入れ」「症状や問題と共にある」姿勢へと変化していきます。

しかし当然ながら、長期にわたって症状や問題と「共にあり続ける」ことは、そう簡単なことではありません。長期間にわたる苦しみ、のたうちは、いずれ「二回目の底」を打ちます。いや、一度や二度ではありません。何度も何度も、くり返し、「底」を打ちます。

ある透明な容器に入れられたハエを想像してみましょう。幾度も外に出ようとして容器の壁にくり返しぶつかったハエは、そのうち外に出ようとしなくなるかもしれません。同じようにクライアントの方々も、慢性の症状や問題に苦しめられ、のたうち回り続け、何度も「底」を打つうちに、治ることを諦め、生きる意欲を失っていくのです。

しかし、その「底」において、あるときふと、何らかのきっかけで、自分が抱える症状や問題の持つ「意味」を見つめ始める人もいます。「私が、これほどの苦しみを人生で味わわなくてはならないのは、いったい、なにゆえであろうか……」と、自分の人生におけるその症状や問題の「意味」や「目的」について思いを巡らしはじめるのです。

それればかりではありません。「症状や問題の意味や目的」について、あるクライアントの方の言葉を借りれば、あくまで「こちらから」（つまり、症状や問題に苦しめられている自分＝「苦しめられている側」から）考えるにとどまらず、「症状や問題の世界」の内側にクライアントみずから主体的に入っていき、「そちらから」、つまり、その「症状や問題の世界」の内側に立脚点を移して、その世界の内側から、気づきを得ていく人もいます。

先ほども登場した、夫との関係で苦しんだことをきっかけに、うつ病のさまざまな症状が発症し、症状がほぼ固定化したまま八年ほど苦しみ続け、社会復帰がままならない三〇代後半の女性のケースをとりあげてみましょう。彼女は、投薬治療や症状除去志向の心理療法も受けてきたけれどさほど改善されないばかりか、セラピストが提示してくる治療プログラムをうまくこなしていくことができない自分を嫌悪しはじめ、追いつめられていきました。あまりのつらさに、現在、投薬以外の治療を中断しています。

この方は、私との面接で、ただ単に自分の抱えている症状や問題を受け入れ、それとともにいようと覚悟を決めたところにとどまりはしませんでした。その上でさらに、自分の「症状や問題の世界」の内側へと、自分から入っていこうとされたのです。

私（カウンセラー）と彼女（クライアント）が座っている二つの椅子の間に、何だか「真っ暗で、深い穴」が空いているようだ、と彼女は言いました。

私（カウンセラー）：「……うん……僕にも、なんだか、その真っ暗で、深い穴が、ここに見えるような感じがします。……もしよければ、しばらく、二人でいっしょに、ゆっくりと、その〈穴〉を覗いている時間を持ちませんか」

二人で身を乗り出し、二人の間にある「真っ暗で、深い穴」をしばらく沈黙して、じーっと見ていました。五分くらい経過したころだったでしょうか。彼女は、最初は「ただ真っ暗で何もない」と思っていた、その穴の底のあたりに、実は、「真っ黒な……大きな石……というか、岩のようなもの」が幾重にも重なっていて、その背後には「どろどろになって流れていく、どす黒い溶岩」のようなものが、ある。そしてその、「真っ黒な石や岩」をじっと見ていると、そこから白く輝く光や紫色に輝く光が発せられていて、それを見ていると、何だか「自分の中の、深いところが妙に落ち着いてくる」のだと言います。

彼女（クライアント）：「私……夫から暴力を受けたこと……そしてそれをきっかけに、うつ病になって、働けなくなって引きこもっていたこと……。このことに、今では、とても深く感謝しているんです。もちろん、前はいやでした。苦しいですから。うつ病は……。当り前のことですけど、眠れなくなるし、何をするにも楽しいと思えなくなってしまうし。

けれど、私、もしうつ病にならなかったら……こうして〈たましいの世界〉を学ぶことなんてなかった、と思うんです。うつ病が〈たましいの世界〉の学びに私を導いてくれたんだなぁって……。自分の中の〈うつ〉を見つめていて、その中に入っていくと……それまで自分がいたのとはまったく違った、すごく暗くて、けれども美しく輝いている、まったく違った世界にいることができるんです。うつが私を導いてくれたんです。この真っ暗闇で、けれど同時に眩く光輝いているこの世界に……。うつにならなければ、この世界に導かれることもなかった――そう思うと、夫の暴力も、離婚も、うつ病の苦しみも、すべては小さなことに思えてくるんです。だって、本当に楽しいですもん〈たましいの世界〉の学びは……。

もし、結婚も順調で、うつ病にもならなかったら、その代わりに〈たましいの世界〉を知らずに生きていくことになったんだなぁと思うと、むしろ、そのほうが恐ろしいことだと思います。いやぁ、面白いですね、人生って……。不可思議っていうか。うつ病になって、ずっと苦しんできたからこそ、〈たましいの世界〉を知ることができたなんて……。ある意味、幸運のようにも思うんです。だって、うつになる以前とくらべても、今のほうが、深いところでは、ずっと満たされている感じがするんですから……」

この方は、夫との関係のトラブルや長期にわたるうつ病の症状が、自分を「たましいの世界」に導いてくれた「ガイド役」を果たしてくれたと感じているのです。

この事例の成否については、立場によって意見が分かれることでしょう。外側から見る限り、この方の症状は明確には改善していないし、社会生活にも復帰できていません。依然、無職で、ほぼ引きこもった生活のままです。

しかし、彼女自身は、この長期のうつ症状こそが自分を「たましいの世界」に導いてくれた、それによって自分のこころが深いところで満たされるようになったと感じているのです。むしろ、うつになったことに「感謝」すらしているのです。そして、うつ病の諸症状にも「以前ほど振り回されることはなくなり」、何よりも「たましいの世界に入っていくことで、日々、気づかされることが多くて……毎日が静かで深い喜びに満たされている」と感じています。外出の頻度も少しだけ増えてきたようです。

ジェンドリンは言います。

ある容器に入れられたハエは、たしかに、何度も何度も外に出ようとして容器の壁にくり返しぶつかり続けるかもしれない。そしてそのくり返されるハエの動きは、一見、まったく同じように見えるかもしれない。しかし実は、何万回もくり返されるハエの動きの一つ一つは、実は、目には見えない微細なレベルで、少しずつ、少しずつ、違ってきているのだ、と。風に揺れる木々の葉の動きが、一見、同じ動きを何万回もくり返しているように見えながら、実は、どの木々の葉の動きも、少しずつ異なっているように……。

ジェンドリンは、このことから、彼の主著『プロセスモデル』において、同じことが反復され続ける停止（stoppage）状態のことを「葉状化（leafing）」と呼びます（Gendlin, 1997）。

「まったく固定化され、完全に停止したままの状態」などというものは、生命体である限り、存在していないことをジェンドリンのこの言葉は教えてくれます。すべてがただ同じ様にくり返されているとしか思えない日々をすごしている人に、かすかな希望を与えてくれる言葉です。

当初の主訴が解消したとき、「人生そのものの空虚」といった「より本質的な問題」が浮上してくる

> カウンセリングや心理療法によって、症状の軽減や問題の解決がうまくいった後に、そこに「当初苦しめられていた症状や問題よりも、より重要な何か」が残り、それが「新たな、より本質的な問題」として浮上してきて、面接のテーマとして語られる場合

カウンセリングをおこなっていると、当初「主訴」として語られていた症状の軽減や問題の解決が進んでも、そこになお、「それ以上に、重要な何か」が問題として残り、次第にそれが「新たな、より本質的かつ重要な問題」として浮上してきて、面接のテーマとして語られ始めることは少なくありません。

その「何か」の典型例が実存的な空虚感、存在していること自体が空しい、という感覚です。

たとえば、夫婦関係の悪化によってうつ病を発症したある五〇代の男性。二年間のカウンセリングの経過において、当初「一番の問題」として語られていた夫婦関係そのものは徐々に改善され、うつ病の症状も緩和されていきました。

しかし彼は言います。「もちろん、うつが治ったことや、夫婦の関係が穏やかになってきたことは、喜ばしいことなんです。けれども、今は、それ以上に気になっていることがあって……。それは、僕のこの人生に、いったいどんな意味があったと言えるのだろうか、ということなんです……」。

このように、「主訴」として語られた「問題や症状」が改善された後に、「実存的な空虚感」に苛まれるケースは少なくありません。

「三〇年近く、妻との関係にずっと悩まされ続けてきて、今はそれも一段落しました。何か、これといって目立った問題はないんです。けれど……ただ三〇年も妻との関係に悩み続けて疲れ果ててしまった、こんな私の人生にいったいどんな意味があったと言えるのでしょうか……」。

「実は私の本当の問題は、人生で一番大切なものをずっと失ったまままこれまで生きてきていた、ということなんですね。そう、いつの間にか。おそらくは二〇代半ばころには、すでに失っていたんです。そしてそれからずっと……。そのことに、この齢になって、ようやく気づきました」。彼はそう言うのです。

こうした「人生そのものの空虚」といった「より本質的な問題」が、面接開始当初に語られていた「表面上の主訴」が解消された後で浮上してくることは、しばしばあるものです。そして、「人生そのものが空虚だった」という実存的な問題が問われてくる場面において、スピリチュアリティという視点は不可欠なものになってきます。

第4章

カウンセラーの成長と宗教、スピリチュアリティ

この章では、「カウンセラーの成長」という視点から、スピリチュアリティがどんな重要な意味を持ってくるかを考えていきましょう。

「信仰者としての自分」と「カウンセラーとしての自分」をどう統合していくか

宗教家（あるいは、宗教教団）がカウンセリングをおこなう場合、「信仰者としての自分」と「カウンセラーとしての自分」をいかにして、みずからの中で統合していくかが大きな課題となってくる。

河合隼雄氏がカウンセリングを『宗教と科学の接点』（河合、一九八六）として位置付けたことはよく知られています。私の専門であるトランスパーソナル心理学などは、まさに宗教と科学の「接点」にあると言えるでしょう。（『宗教と科学の接点』の中で、河合氏がトランスパーソナル心理学を紹介してくださったことで、トランスパーソナルという考えも、一挙に広まっていきました）。

カウンセリングと宗教とは、切っても切れない結びつきにあります。そして両者の「接点」ないし「融合点」が、トランスパーソナルであり、本書のテーマであるスピリチュアリティであるわけです。

私の知る範囲でも、日本のさまざまな仏教・キリスト教のさまざまな宗派が、カウンセリングを学び、カウンセリングを取り入れて、援助活動をおこなっています。決してみずからの宗派の教義を押し付けることなく、人間の深い苦悩を援助するための在り方を、カウンセリングに謙虚に学んでいます。その姿勢に私も深い感銘を受けることが少なくありません。

厳しい修行を積まれた僧侶の方たちから、「多くの寺は葬式仏教になっています。仏教が、死んだ人のたましいをあの世に送るだけのものではなく、生きている人のたましいの救済ができるようになるためには、どうすればいいかを教えてください」と講演を依頼されることがあります。頭が下がります。

しかし、宗教を信じる者がカウンセラーとなる場合、「信仰者としての自分とカウンセラーとしての自分をいかにして、みずからの中で統合していくか」という課題がしばしば生じます。梅原（二〇〇八）によれば、臨床歴の浅いカウンセラーにおいて「信仰者としての自分」と「カウンセラーとしての自分」は葛藤しやすいけれども、臨床歴も長く、信仰歴も長いカウンセラーの場合は、信仰者としての自分と臨床家としての自分が、自分の中で自然に融合しており、何の力みもなく自由にありのままに臨床の場に臨むことができるようになっていくようです。しかし、その過程において、カウンセリングと信仰の関係について真剣に探求することを問われない人はいないでしょう。

では、宗教とカウンセリングとはいかなる関係にあるのでしょうか。これは一言ではとても答えられません。宗教と言っても、どの宗教のどの宗派であるか、カウンセリングといってもどの学派のどのカウンセリングであるかによって、両者の関係はずいぶん異なってくるからです。

一つの例として、禅の老師、久松真一とカール・ユングの対話をとりあげましょう。

一九五八年、久松はスイスのユングの自宅を訪れ、対談をおこなった後、次のように言っています（加藤、一九九六、i頁）。

> 心理療法は個々の人の無意識の中にある個々の心理的病を探し出して、それを除くという仕方である。したがって、個別的な病を個別的に治療していくのである。ところが禅では「度一切苦厄」とか「究意解脱」というように、一切のものに緊縛されない「自己」に目覚めることによって、一度に一切の病から解脱するのである。もしも、治療が個別的であるならば、一病去って一病来るまで、われわれは永遠に病から脱することはできないであろう。

ユングと久松のこの対談については、さまざまな議論や解釈がなされており、研究対象として重要な意義を持っています（ちなみに、この三年後、一九六一年にロジャーズが来日した折に、久松はロジャーズとも対談をおこなったようです。この対談の記録が入手できれば、非常に貴重な研究資料となるはずです。もしお持ちの方がおられましたら是非私にご連絡ください！）。

ここでは対談の内容面に関する議論に立ち入ることはしませんが、久松のこの言葉に、少なくとも宗教の側から見た心理療法やカウンセリングとの違いが明確に示されているように思います。カウンセリングや心理療法は「個別の病」を「個別に」扱っていくのに対して、禅は「一度に一切の病から解脱する」ことを目指す、というのです。

いずれにせよ、仏教にも、キリスト教にも、人間をその苦しみから解放する偉大な知恵が蓄積されています。こうした宗教の知恵に、（科学的でない、などといってかかわりをもたないのではなく）頭を垂れて学んでいこうとするのが、トランスパーソナル心理学やスピリチュアル・カウンセリングの立場なのです。

では、宗教家が臨床家となった場合には、実際に、どのように両者をみずからのうちに統合していくのでしょうか。ここでは、お二人の例をみておきましょう。

1. 平井孝男の場合

まず、平井（一九九六）は、次の四つを治療の根本原則として挙げています。

1　まず、患者がいかなる症状や苦に悩まされているか。
2　その苦の背後には、いかなる煩悩があり、執着があるか。
3　その執着からいかに脱していくか。

4　苦をいくらかでも和らげると同時に、苦を受け止めていくためにはどうしていけばよいか。

カウンセリングにおいてこの四点を語りあっていけばよい、というのです。

平井のこの考えは、非常にシンプルなものですが、シンプルであるがゆえに、仏陀の教えにもとづいて、クライアントの苦しみについて語り合っていくことが、そのままカウンセリングになりうることを端的に示している好例と言えるでしょう。

また平井（一九九六）は、仏陀は、空理空論に走ることを戒め、厳しい実践を重んじ、「わからないものは、そのままにしておく。まずわかるべきところから始めていく」のに対し、患者の多くは「わからないこと」に固執する、と指摘しています。患者が固執する「わからないこと」とは「たとえば、「病気の本態は何か」「その原因は何か」「確実に治るのか」「この治療法の意味は何か」といったことである。……（中略）……あたかも、確実にわかっていることの実践を回避するために、わからないことばかりに固執しているように思てくるときすらある」。私は、森田療法に明るくありませんが、平井のこの指摘は、とらわれはとらわれとして、苦しみは苦しみとして、あるがままにしておいて、目の前のなすべきことに取り組んでいく、という森田療法の方法が、仏陀の教えに通じるものであることを示しているのではないでしょうか。

図 4-1　加藤清がとらえた宗教の本質（寂体）・シャーマニズム・心理療法の関係（加藤清、1996、p.155）

2. 加藤清の場合

次に、カトリック、禅、シャーマニズム、トランスパーソナル心理学などに精通し、独自の臨床実践をされてきた加藤清（一九九六）の場合をとりあげてみましょう。

加藤は、そこからあらゆる心理療法や宗教が発現してくる「寂体（Ω）」という概念を提唱します。それは「すべての働きを働かす」無意識ではない「無心」であり、決して実体化されえない「根源的自律性」です。「僕の中には地に禅があって、天にキリスト教がある」と言う加藤は、「宗教の最も本質的なもの」としての「寂体（Ω）」を中心に置き、外側にキリスト教などの文化宗教、そしてその間に、シャーマニズム、アニミズム、心理療法を置きます。（図４－１）

加藤清氏は、私を含め、カウンセリング／心理療法とスピリチュアリティとに関心を抱く多くの臨床家から、心からの信頼と尊敬を集めてきた、きわめて深く、きわめて鋭く、それでいて、きわめて大らかで気さくで、明るく、天衣無縫ともいうべき、独特の自由な雰囲気を持った方です。加藤の思索と実践は、日本におけるスピリチュアルな志向性を持つカウンセリング／心理療法の歴史に大きな足跡を残しています。

平井から「先生の治療観を聞かせて下さい」と問われた加藤は、次のように答えています。

「患者は業をたくさん抱えている。その人が、業よりはみ出さないようにして、その人らしく、生きて死んでいければよいなと思う。自分も含めて、このことは治療の最初から変わりません。たとえば自殺する患者もいますが、自殺しても、その人らしく死んだらいいと思います、難しいことですが」（加藤、一九九六、七二頁）

真にスピリチュアリティを体得した加藤清独特の、徹底的な自由さとそれが故の明るさ、懐の深さが、この言葉に端的に示されていると思います。

いずれにせよ、加藤のモデルは、宗教と心理療法、さらにはシャーマニズムをみずからのうちにおいて統合した貴重なモデルになると思われます。

日本のロジャーズ派にも、たとえば大須賀発蔵、西光義尚、友田不二男ら、みずからのうちに仏教とカウンセリングとを統合したモデルが存在しています（第5章を参照）。また、日本人ではありませんが、『禅セラピー』（ブレイジャー、二〇〇四）『フィーリング・ブッダ』（同、二〇〇四）の著者であり「他者尊重アプローチ（Other-Centered Approach）」の提唱者であるデイビッド・ブレイジャーの考えも「カウンセリングと仏教の統合モデル」の一つとなりうるでしょう。

カウンセラー／心理療法家の養成とスピリチュアリティ

> カウンセラーや心理療法家の養成において、スピリチュアリティを育成する視点を取り入れることは緊急かつ重大な課題である。

カウンセラーや心理療法家の養成において、スピリチュアルな感覚や価値観、感性を育成していくことはきわめて重要な課題です。

カウンセラーや心理療法家の用いる技法が「瞑想」や「祈り」をはじめとしたスピリチュアルな方

法であったり、「マインドフルネス」といったスピリチュアルな価値観を内包する心理技法であったとしても、それを用いるカウンセラーや心理療法家自身のスピリチュアリティが成熟していない場合があります。カウンセラーや心理療法家の用いる技法と、その人の人格や生きる姿勢、スピリチュアリティとの間に、大きな齟齬や乖離が存在しているのです。そうした時、クライアントのたましいは深いところで傷つけられてしまう可能性があります。

本書で指摘してきたように、現代のカウンセリングにとってスピリチュアリティは必要不可欠なものです。カウンセラーや心理療法家の育成プログラムにスピリチュアリティの視点を明確に位置付けることが急務であると思われます。

しかし残念ながら、スピリチュアリティを正面から心理臨床家の育成プログラムに位置付けたカリキュラムは、ほとんど存在していません。米国でもこの点は同様のようで「大学院での心理学研修でスピリチュアルな次元が着目されることはまれか、まったくないという報告が一般的で、もしあるとすれば、臨床におけるスーパーバイザーの個人的特性に関連するようである」との調査が報告されています (Sperry, 2001)。例外的に、スピリチュアリティをカウンセラーや心理療法家の養成に不可欠なものとして取り入れている大学院は、米国ではトランスパーソナル心理学研究所（ＩＴＰ：Institute of Transpersonal Psychology)、カリフォルニア統合学研究所（ＣＩＩＳ：California Institute of Integral Studies)、Ｊ・Ｆ・ケネディ大学（John F. Kennedy University)、セイブルック大学（Saybrook University)、英国ではロジャーズ派をベースとしながらスピリチュアリティを重んじているイースト・アングリア大学（UEA：University of East Anglia）など、ごく僅かな大学のみでしょう。

日本の大学院でスピリチュアリティを重視して臨床家養成に取り組んでいるモデルとして、次の二つの例を紹介しておきましょう。

1. 天理大学大学院（堀尾治代）の場合

天理大学大学院では、心理臨床学専攻において「心理臨床と宗教」という講義が設けられています。その授業では、フロイトやユングの宗教観、仏教やキリスト教と心理療法の接点、たましい、死、意識、自然といったテーマについて、一人ひとりの体験や実感を大切にしながら討論がおこなわれています。時には、近くにある石上神宮の散り始めた桜並木の中を歩きながら、また時には、広大な神宮の中に身をおいて授業をおこなうこともあるようです（堀尾、二〇一〇）。

2. 放送大学大学院（滝口俊子）の場合

滝口（二〇一一）は、心理臨床家の養成においてどのような点でスピリチュアリティを学ぶことができるか、多角的に論じています。

●倫理規定についてのディスカッション

滝口は、放送大学大学院臨床心理学プログラムの「臨床心理基礎実習」において、倫理規定を学ぶ時間を設けています。そこでの学生たちの話し合いは「生きる」ことに至り、スピリチュアリティに接近すると言います。心理臨床家の「倫理規定は、「ねばならない」だけではなく、「如何にあるべきか」を問うものである」との指摘には大きな意義があります。

●スーパーヴィジョンと教育分析

滝口は、心理臨床家のスピリチュアリティの育成について、とりわけ、スーパーヴィジョンと教育分析を重要視します。「スーパーヴァイザーが、スピリチュアリティに開かれているか否かが、その場を大きく作用する。スピリテュアリティに無関心あるいは軽視するスーパーヴァイザーであるなら、スーパーヴァイジーにスピリチュアリティの気づきは期待しがたい」「教育分析者がスピリチュアリティに開かれているなら、スピリチュアリティが共有される」と言うのです。

そして最終的に、「スピリチュアリティの伝達に不可欠なことは、スピリチュアリティを実感している教育者の存在である」「心理臨床家の養成に当たる者のスピリチュアリティが、問われている」のだ、と指摘します。

私は、ここで滝口が指摘しているのとは、逆の方向に向かうような時代の趨勢があることを危惧しています。かつて、カウンセラーや心理療法家の育成には、「人間道場」のような趣がありました。心理臨床家育成のシステムやプログラムが整備されていくにつれて、こうした色合いが希薄になり、「精神性（スピリチュアリティ）」がないがしろにされつつあるように感じるのは、私だけでしょうか。大きな危機感を私は抱いています。

カウンセラー／心理療法家がみずから「変性意識」に入っていくことが、スピリチュアル・カウンセリングの鍵である。そのとき、「自分自身」がカウンセリングの「方法」となる

カウンセラーや心理療法家がみずから「シャーマン的意識」などの「変性意識状態」に入っていくことが、「スピリチュアル・カウンセリング」の大きな鍵となる。「スピリチュアル・カウンセリング」は、クライアントの「意識」にかかわり、その深化と変容を試みる。そしてその際、カウンセラーや心理療法家自身が深い意識状態に、みずからの意識を変性させていくことが、微細な（サトルな）次元において、クライアントの意識変容に大きな影響を与える。

心の深層に働きかけるカウンセリングや心理療法の歴史は、フロイトに始まる、というのが、教科書的な説明の一つです。しかし、エレンベルガーが名著『無意識の発見』（一九八〇）で指摘したところによれば、カウンセリング／心理療法の源流の一つは、旧石器時代から始まるシャーマニズムや呪術にあることは、間違いありません。

河合俊雄（二〇〇〇）は、次のように言います。

「エレンベルガーが何度も強調しているように、シャーマニズムにおける治療においては、誰もが使える非個人的な技術ではなくて、治療者の人格が大切になる。患者の魂、心身一体的な存在が問題になるだけに、治療者の方も全人格がかかわってくることが必要になる。また失われた魂を探すためには、治療者が自ら魂を身体から抜け出させて異界に探しに行かねばならないし、憑依している悪霊を追い払うためには、自分でそのような悪霊と関係を持ったり対処できなければならない。……（中略）……シャーマンは異界や悪霊などに対して、客観的知識にとどまらない、主体的な知識と体験を必要としている。その意味でエリアーデは、夢の中にしろ起きているときにしろ、「精霊を見る」のがシャーマンの招命の決定的しるしとしている。また主体的体験との対処には、自分も魂を失ってしまったり、悪霊に取り憑かれてしまったりする危険が含まれているので、シャーマンはいわば患者と同じ病気になってしまうリスクを犯すのである。このように自分の全存在をかけた主体的知識をえるために、シャーマンにはイニシエーションが必要となるのである」（河合、二〇〇〇、五頁）。

いかがでしょう。これを読んで、カウンセリングや心理療法のことではないか、とその類似性に驚かれた方もいるかもしれません。カウンセラーや心理療法家も、しばしば、人生における何らかの出来事（その多くは、つらく悲しい出来事）に「招命」を受けてその道を進み始めます。そして、クライアントが自分の失われた魂を取り戻すのを援助するために、単なる技法ではなくて、自分の全人格をかけてかかわっていきます。また、ほんとうに深くクライアントの心の世界の内側に入っているときには、カウンセラーの側にもクライアントと同じ痛み、苦しみが湧いてくることがあります。河合（二〇〇〇）は、ユングの「患者に生じたことは、医者にも生じないといけない」「心理療法家は心的な感染の危機にさらされている」という言葉を引きあいに出してこれを説明しています。

井上亮（二〇〇六）の『心理療法とシャーマニズム』は、心理療法家である井上がアフリカの北カメルーンにフィールドワークに行った折に、実際に呪術医になるためのイニシエーションを受ける、というまさに命をかけた行為の記録の報告です。井上はそこでの体験をもとに心理療法について次のように述べています。

「真のシャーマン的治療にはいつもこの種の（引用者注：相手に共感しすぎたゆえにからだを壊すといった）危険がつきまとう。……（中略）……あまり患者のためにと思いこむ必要はなく、むしろ、治療者の内部で活性化された、あるいは患者の側から敷き写されてきた問題を、治療者自身がどう超えてゆくかこそが問われている」（井上、二〇〇六、二七七頁）

すでに第2章で紹介した藤見幸雄の臨床事例（藤見、二〇〇五、四二頁）においても、クライアントの話をただ聞いているだけで、セラピストである藤見の身体も、自ずと、クライアントが今患っている症状に似た状態になり、思わず手首を震わせたくなったり、全身が猛烈にかゆくなったりしています。藤見の身体はクライアントの身体症状に「感染」されているわけです。

シャーマン研究で著名な人類学者マイケル・ハーナーに師事したことのある藤見は、「シャーマン的意識状態」という概念を提唱しています。藤見によれば、シャーマンの意識状態は非日常的意識状態においてもかなり鮮明です。霊媒が異界からやってくる霊的能力にしばしば受動的に憑依されてしまうのに対して、シャーマンは非日常的なリアリティに能動的に関与することができ、みずからの意識状態を意のままに変性させることで、日常的意識状態と非日常的意識状態のあいだ、日常的リアリティと非日常的リアリティのあいだを自由に行き来することができるのです（藤見、一九九二）。

このようにみると、カウンセリングや心理療法、特にスピリチュアルな志向性を持つカウンセリング／心理療法には、「現代版シャーマニズム」と言っていい面があります。というよりむしろ、カウンセラー／心理療法家は、スピリチュアルな次元に開かれ、現代版のシャーマンとなれるよう、みずからを鍛えていくべきでしょう。

ちなみに現代の心理療法で、シャーマニズムをもっとも積極的に取り入れている方法の一つは、『シャーマンズボディ』などの著書もあるアーノルド・ミンデルが創始したプロセスワークでしょう。ミンデルは、シャーマンの大切な仕事の一つは、日中、起きているときに、しっかりと覚醒しながらにして、夢見のプロセスに入っていくことにある、と言います。覚醒しながらにして、夢見（ドリーミング）のプロセスに自覚的に入っていくことは、まさにプロセスワークの核心です。プロセスワークでは、「夢見」を他者と共に進めていくのです（ミンデル、二〇〇一）。

河合（二〇〇〇）は、シャーマニズムと心理療法のかかわりを説明するにあたって、「あらゆる心理療法家は、自分の方法を持つだけではなくて、自分自身が方法なのだ」というユングの言葉を引いています。この言葉は、「スピリチュアル・カウンセリング」の核心を突いてます。

「スピリチュアル・カウンセリング」の「方法」は、「自分自身」です。

トランスパーソナル心理療法の基本的な考え方としても、くりかえし指摘されてきたように、クライアントの「意識」にかかわり、その深化と変容を試みる際に、カウンセラーや心理療法家自身が深い意識状態に、みずからの意識を変性させておくことが、微細な（サトルな）次元において、クライアントの意識変容に大きな影響を与えないではいません。

したがって、「スピリチュアル・カウンセリング」においては、カウンセラーもクライアントのプロセスに沿って、みずらかの意識水準を変えていく必要があります。日常的現実に根ざした意識をゆっくりと解きほぐし、リラックスさせ、ぼんやりとした（clouded）な意識状態に移行させ、意識水準を深めていくのです。それは、完全にリラックスした状態ではなく、同時にある程度の緊張感も維持した微妙な状態です。リラックスと緊張が共存し、ぼんやりしており、かつ明晰さ（lucidity）を保った意識状態です。

このように、「スピリチュアル・カウンセリング」においては「意識（consciousness）」がカウンセラーのコンテキスト、枠組みを伝えていくための重要なツールとなります。

「セラピストのコンテキストを生きたものにするのは、意識である」（Cortright, 1997, p.14）。

「トランスパーソナル心理療法においては、意識は手段でもあり、変容の対象でもある。トランスパーソナル心理療法は、行動や意識内容の変容だけを目指すのでなく、同時に体験のコンテキストとして、覚醒した意識（awareness of consciousness）そのものを目指すのである」（Vaughan, 1993, p.160）。

「スピリチュアル・カウンセリング」がかかわっていく「対象」は「クライアントの意識（の深化・変容）」です。そしてそこで用いられる最大の「方法」は、「カウンセラー自身の意識の深化・変容」であり、意識が深く変性した「自分自身」なのです。

「シャーマン的意識状態」とか「意識の変容」とかと言われると、何だかとてつもなく困難な作業であるように思われる方もいるかもしれません。

ある意味ではそうですし、しかしある意味では、そうではありません。

「変性意識状態」に入っているカウンセラーの「意識」の在り方を、とてもわかりやすく、うまく説明してくれているのは、河合隼雄氏の次の言葉でしょう（ある講演会における質疑応答の場面）。

質問：自分の内面に耳を傾けるという意味で、私はカウンセリングをしながら、あるいはその後で「おまえは、真にクライエントの言うことに耳を傾けていたか」とか、「おまえは、クライエントに好かれたいと思っているのではないか」と自ら問いかけているのですが、これはいかがですか。

答え：自分の内面に、心開かねばならない。自分でやっていながら、おまえはクライエントに好かれることを願っているのとちがうかとか、あるいは、おまえはクライエントの言葉を半分ぐらい聞いていないのではないかと問いかけるということはよくわかりますが、私が本当に言いたいところの内面に耳を開くということは、その逆に全然そういうことをしなくなることだと言っていいぐらいです。要するに、そのような自分に対して厳しく問いかける態度をさえなくしてしまう。それがまったくなくなってしまっては困りますが、自分の内面に耳を開くとき、「聴かねばならない」とか「よく聴いているか」と、そういうことになりますと、自分の自我のなかの反省が強くなりすぎるわけです。もっと深く耳を傾けるということは、そういう反省もやめてしまった状態です。

もっと端的に言えば、ぼんやりしていることです。だから、自分の内面に耳を傾ける態度に最も近い態度は、ほとんど寝ているのに近い態度です。ふっと寝かけているときに、ふわっと変なことを思いつく。ああいう態度にまでなっていたら変なことが出てきます。そうすると、クライエントの言ったことに対して、急にそれはだめですということが浮かんできたりして、自分でもおどろくようなことが生じてきます。そういうのが実は、本当に自分の内心に耳を傾ける態度ですが、そういうことははじめはできませんので、それまでは、あなたのおっしゃるようなことをやっておられたらよいと思います。」（河合、一九七〇、二〇－二一頁）

カウンセリング中にカウンセラーに生じる「意識の変性状態」について、とてもうまく説明されているように思います。「ぼんやりしていることです」とか「ほとんど寝ているのに近い態度」と言われたら、少しはできそうな感じがしてこられたでしょうか。

しかしこれが、やってみると、案外、たいへんに難しいことなのですが……。

第5章

〈小さな悟り〉のカウンセリング

――日本のロジャーズ派カウンセリングの独自の展開

この章では、日本のロジャーズ派のカウンセラーが構築してきた独自の考えを紹介します。私たちが今後、日本の文化にフィットした独自の「スピリチュアル・カウンセリング」のモデルを模索していく上での手がかりを探っていくためです。

周知の通り、カール・ロジャーズ (Rogers, C. R., 1902-1987) は我が国のカウンセリング界に最も大きな影響を与えてきた人物の一人です。

ロジャーズの理論の根幹をなす「実現傾向 (actualizing tendency)」概念は、この宇宙のすべての生命体において働く〈いのちの働き〉を指し示すものです (諸富、一九九七)。ロジャーズは、ウニや微生物や草木など、他のさまざまな生命体と同様に、等しく〈いのちの働き〉を分け与えられたものとして人間存在を捉えているのです。ロジャーズが「人間有機体 (human organism)」という表現を好んで使うのも、そのためでしょう。このような人間理解はそれ自体、スピリチュアルな存在としての人間理解であると言えます。晩年のロジャーズは、スピリチュアルな次元に開かれたカウンセリングの実践という新たな領域に足を踏み入れていきました (Rogers, 1980, 1986)。

興味深いのは、このようなロジャーズの人間観にひかれ、ロジャーズに学んだ日本の心理臨床家たちが、ロジャーズとの出会い以前に既に身につけていた仏教的な素地をベースに、独自のカウンセリング観をつくりあげていったことです。彼らは、予め身につけていた仏教的な感受性のため、それと親近性を有するロジャーズの思想に魅力を感じ、ロジャーズに学んだのです、その受容過程においては、彼らがもともと身につけていた仏教的な人間理解の枠組みへとロジャーズを同化・吸収し、それによって独自の東洋的なカウンセリング観を形成していったのです。

だとすれば、彼ら日本のロジャーズ派たちが、ロジャーズというアメリカの心理学者との対話や格闘を経て形成した独自のカウンセリング観には、私たちがこれから日本人のメンタリティにあった「スピリチュアル・カウンセリング」の理論と方法をつくりあげていく上での貴重な手がかりが存在しているはずです。

このような考えから本章では、西光義敞（一九二五－二〇〇四）、大須賀発蔵（一九二三－二〇一二）、友田不二男（一九一七－二〇〇五）ら、日本のロジャーズ派のカウンセラーたちが形成した独自のカウンセリング観を見ていきます。

日本のロジャーズ派カウンセラーにおけるロジャーズの受容と変容

昭和二〇年代後半から三〇年代（一九五〇～五五年頃）にかけての、我が国のカウンセリング勃興期においては、非指示的カウンセリング（Nondirective-Counseling）の名の下にロジャーズの理論と方法が圧倒的な指示を得て普及し、その後しばらくの間、カウンセリングと言えばロジャーズの方法のことであると受け取られるような時代が続きました。これにはもちろん、ロジャーズの技法が非常にわかりやすく単純であったこと、他のアプローチがまだよく紹介されていなかったこと、当時友田不二男氏を中心に広がっていった「カウンセリング・ワークショップ」に戦後民主主義の思想にマッチする雰囲気が存在していたことなど、諸々の理由も関係しているでしょう。

しかし、ロジャーズの理論や方法を深いレヴェルで受容した人の中には、人間を植物や動物など、ほかの〈いのち〉あるものと区別して特権的存在とみなすのでなく、それらすべての〈いのち〉を同一の相の下に捉えるという日本的な生命観・自然観によくフィットするものとして、ロジャーズのアプローチを受けいれた人もいたようです。まただからこそ彼らは、そうした自らの〈いのち〉に対する感受性がロジャーズの理論や方法によっては十分言い尽くされていないと感じた時、ロジャーズと距離を取り、独自の立場を築き始めていったのです。

このあたりの事情については仏教者（浄土真宗）としてカウンセリングを学び始めた西光義敞（一九九五）の次の述懐が参考になります。

「私がカウンセリングと出会い、カウンセリング経験を深めていくにしたがって、『気づき』(awareness) の深まりというプロセスをとおして、仏教をよりどころとして生きる私自身の生き方の隅々にまで、光があてられることになったのは確かである。しかしまた逆に、私が帰依している仏教の光に照らして、ロジャーズの人間観やカウンセリング理論を見、さらには実際のカウンセリング場面における人間、すなわち自己とクライエントを見てきたことも事実である。ロジャーズの理論に忠実にしたがおうとしながら、同時に彼の理論枠をこえたところからカウンセリングをとらえる立場に立ってきた、という点からいうと、私は決してロージェリアンではないといわねばならない」。（西光、一九九五）

このような思いから西光は独自の「仏教カウンセリング」（真宗カウンセリング）を創始しました。このような仕方でのロジャーズの受容と変容は、日本にロジャーズが紹介され始めた比較的初期からおこなわれてきました。日本におけるロジャーズの導入と普及は、昭和二六（一九五一）年の友田不二男による *Counseling and Psychotherapy*（Rogers, 1942）の翻訳（友田、一九五一）によって始まり、昭和四〇年代前半（一九六五〜七〇年頃）における『ロージァズ全集』各巻の相次ぐ刊行によりその一応の完成をみるわけですが、全集の第18巻『わが国のクライエント中心療法の研究』第4部は「ロージァズと東洋思想」という表題の下に、ロジャーズと孔孟、ロジャーズと老荘、ロジャーズと禅、ロジャーズと親鸞、ロジャーズと神道の関係を問う五本の論文が収められています。

ロジャーズ自身が東洋思想と直接接触した機会としては、彼が一九六一年の来日の際に持った久松真一（一八八九－一九八〇）との対談があげられます。久松は、ユングとも対談をおこなった経験のある世界的に著名な禅のマスターです。禅に対して深い関心を抱いていたロジャーズは、この対談で真の出会いが可能になることを期待していました。そのため自ら口火を切って発言し、「わたしは、あなたとユングとの話し合いの記録を読んだことがありますが、率直にいえばがっかりしたのです。とくに話し合いがむしろ抽象的な性質のものであったことに失望しました」と切り出して、具体的に話を展開しようと努めています。しかし、ユングとの対談の折、翻訳や対談記録の刊行の問題をめぐってややこしいトラブルに巻き込まれていた（村本、一九九三参照）久松は、その記録の弁解を始め、対談の間、終始防衛的な態度を取り続けました。そのためこの対談は、残念なことに二人にとっても、他の参加者にとっても、満足のいく内容にはならなかったといいます。

そのためか、ロジャーズの著作の中には禅を学んだ影響はほとんど見られません。しかし老荘に関しては伊東（一九九五）も指摘するように、まず一九五九年の書評論文に、「The way to do is to be」（萬物の自ずから然るにしたがいてあえて為さず）という『老子』第64章末尾の言葉を引用し、一九八三年の著書の中では『老子』第17章「太上は下これあるを知るのみ。その次はこれに親しみこれを誉む。その次はこれを畏れ、その次はこれを侮る」を引用して、理想的なグループ・リーダーの在り方を説いています。

こうした事実を踏まえれば、ロジャーズの紹介の初期から（ニューエイジ運動の思想的基盤の一つである）老荘思想との類似点を見出し、その後も老荘研究の視点からカウンセリングの精髄を究めようとしてきた友田不二男の仕事には、やはりある種の卓見を認めなくてはならないでしょう。

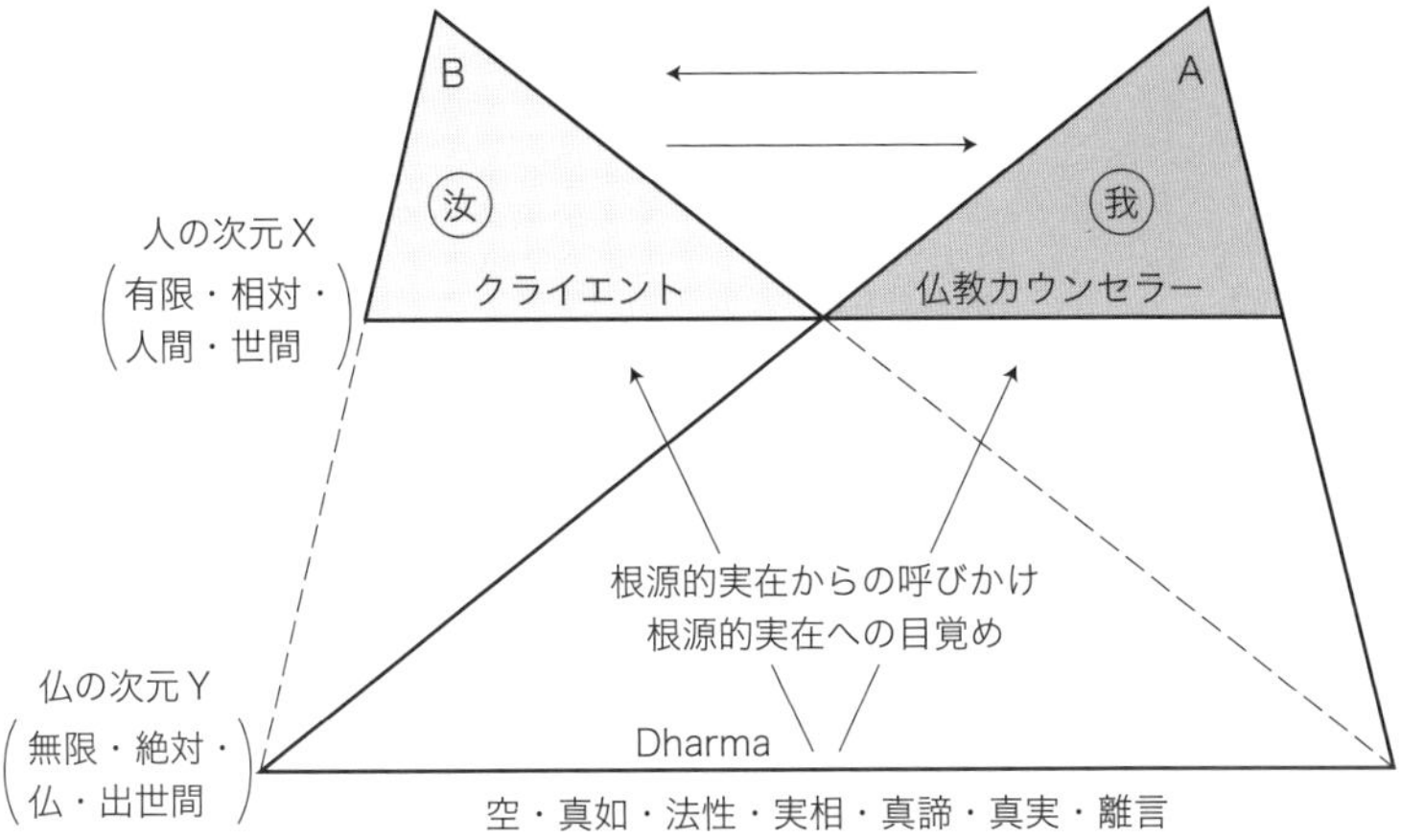

図5-1　西光義敞が示した「仏教カウンセリング」におけるカウンセラー・クライアント関係（西光『仏教とカウンセリング』2005, p.91）

西光義敞の仏教カウンセリング

では、このようなロジャーズの受容と変容を経て、日本のロジャーズ派心理臨床家が形成した独自のカウンセリング観とはいかなるものだったのでしょうか。

まず、西光（二〇〇五）の「仏教カウンセリング」の考えを見てみましょう。

そのエッセンスは、上の**図5-1**に示されています。カウンセラーとクライエントが共に立っている人間としての次元（X）の根底には、人間を超えた仏の次元（Y）があり、仏教カウンセラーはそこに立っています。人間は時間と空間に制約された有限・相対の存在であるが、仏教カウンセラーは仏教的自覚によってそれを超えた世界に支えられています。

カウンセラーがクライアントと「我－汝」の人格的関係にある点では、一般のカウンセリングと違いがありません。しかし仏教カウンセラーは、クライアントと関係を結ぶと同時に、その内面で自分自身を支え、包み、照らしている「仏」との関係も成立しています。この「関係の二重性」こそが仏教カウンセリングの特色です。

さらにまた、仏教カウンセラーは自分自身を照らし護り給うこの仏の光の中に、共にクライアントもいる、と感じていますから、自他を仏の眼でも見ることができます。この「配慮の二重性」ということも、仏教カウンセリングの本質的特徴であると西光は指摘しています。

大須賀発蔵による「曼陀羅」の智恵とカウンセリングの融合

次に、華厳思想や曼陀羅に示される智恵とカウンセリングの融合を説いた大須賀発蔵（一九九五）のカウンセリング観を見ておきましょう。

空海が九世紀の初めに唐から伝えた両界曼陀羅には、宇宙生命の根源的な働きが「五智」として示されています。

「五智」は宇宙生命の一切のはたらきを示す「法界体性智」を根本とし、それが四つの特色を持つ智恵、すなわち①「大円鏡智」（丸い鏡が一瞬にして一切のものを写し取るように、宇宙の一切を瞬間にあるがままに写し取る）→②「平等性智」（万物はすべて仏のいのちを分かち持ったものとして、本来平等である）→③「妙観察智」（一つ一つの独自ないのちをそのまま観察する）→④「成所作智」（そうした心を行為として表す）として循環していると考えられています。

そしてこのような「五智」の循環は、そのままカウンセリングの営みでもあると大須賀は考えます。すなわち、①クライアントの全体像を心の鏡に写しとろうとし（大円鏡智）、②そこに写されるすべての内容を善悪を超えて平等な価値として尊重しようとし（平等性智）、③その上で、クライアントの心に働く独自な「妙」の世界をあるがままに察し取るため、深く耳を傾けていき（妙観察智）、こうした基本姿勢に立って実践的なかかわりを持つ（成所作智）ことが、カウンセリングの営みにほかならないと言うのです。

ここに示した「五智」の循環は、仏から衆生に向かう流れ（順観もしくは向下門）ですが、仏の智恵は同時に、衆生から仏に向かう流れ（逆観もしくは向上門）も呼び起こしていると考えられます。大須賀によればこの「逆観」の流れにも、カウンセリングの基本的な智恵が秘められています。

大須賀はまた、ロジャーズの説く「態度条件」と「五智」との間に本質的な関連性を認めます。ロジャーズの言う純粋性もしくは一致は「成所作智」に、無条件の肯定的配慮は「妙観察智」に、共感的理解は「平等性智」に、それぞれ相当すると言うのです。そしてその上で、「このように捉えてみるとき、ロジャーズの仮説が、東洋の心を生きる私たち日本人に身近に感じられたことは当然だったと思える」と述べています（ただし、上述の「五智」の意味を文字通りに解すれば、論理的にはむしろ、クライアントの表現していることをカウンセラー側の価値基準によって評価・選別することなく、すべて等しく価値を持つものとして尊重する「無条件の肯定的配慮」が「平等性智」に、クライアントの表現内容の一つひとつに込められた独自の微妙なニュアンスをそのまま敏感に感じ取ろうとする「共感的理解」が「妙観察智」に、それぞれ相当すると私には思われます）。

友田不二男における「真空」とカウンセリング

最後に、我が国におけるロジャーズの理論と方法の普及に最も大きな役割を果たした友田不二男の考えを見ておきましょう。

ロジャーズの理論と方法の普及に多大な役割を果たしてきた友田が、ロジャーズに対決する姿勢を最も鮮明にし、独自のカウンセリング観を打ち出したのは、ロジャーズの出世作 *Counseling and Psychotherapy* 第4部「ハーバート・ブライアンの事例」の邦訳（友田編『ロージァズ全集第九巻』一九六七）においてでした。この分野における史上初めての逐語記録として知られるこの章の邦訳の編者として、友田はクライアントのブライアン（仮名）が口にした「真空（Vacuum）」という言葉をめぐって詳細な訳注を加えています。そしてそこで友田は著者であるロジャーズにはっきりと異を唱えると共に、カウンセリングの本質にかかわる独自な持論を展開しています。

くわしくは諸富（一九九四）に譲ることにし、ここではその要点だけを要約します。

クライアントであるブライアンは「成長は環境の中では起こったことがな」く、それは「何かしらひとりぽっちの黙想のようなもの」であり、「宗教的な神秘主義者は長い間ひとりで黙想する」けれど、そこには「何かしら力を強化するようなことがあるにちがいない」と言います。人間の決心は外部的な状況で養われる必要があるけれど、決心そのものは「真空」の中でおこなわれる、と言うのです。これに対して「そんなふうに成長が起こるとは思えない」カウンセラー（ロジャーズ）は、真空中で何かをするというブライアンの考えは決心からの逃避への願望を意味していたのだ、といった否定的なコメントを付しています。

友田が詳細な訳注を付したのはこの箇所で、クライアントであるブライアンの発言、とりわけ人間の決心や成長が「真空」の中でおこなわれるという考えは、「カウンセリングもしくはサイコセラピィに関し、さらに一般的にいって〝人間の成長〟に関して、まことに絶大な示唆を含んでいる」と指摘し、他方でそれを理解しないロジャーズを痛烈に批判しています。

さらに友田は、『全集』第18巻所収の佐治守夫らとの対談でも、この問題に触れて、ブライアンの発言を介して、「人間が変化するのは、わかりやすくいうと〝ひとりぽつんといるとき〟である、人間と人間の接触があったり、現実の状況の中では、人間は変化しない」「人間はひとりでぽつんといるときに飛躍したり成長したりしてゆく。その飛躍や成長を確かめてゆくのが人間のつながり、具体の世界、であるけれど、その現実の世界、現実の人間関係において成長が起こるのではない」「これをカウンセリングにもってくると、ロージァズのテクニックが意味を持ちうるのは、クライアントがひとりでぽつんと置かれた状態になることにある」と自説を改めて展開しています(堀編、一九六八)。

最も公式的な論文(Rogers, 1957)において提示されたロジャーズの考えは、要するに、カウンセラーとクライアントの間に「態度条件」を充たした受容的で共感的な人間関係が築かれ、そのことをクライアントが知覚すれば、治療的人格変化は生じるはずだというものです。人格変化は現実の中では起こりえず、「真空」の中で起こるという友田のこの考えは(少なくとも論理的には)ロジャーズの考えと真向から衝突するように思えます。

この矛盾をどう理解すればいいのでしょうか。

私は、友田のこの考えは、カウンセリング関係の深まりにつれて、カウンセラーにもクライアントにも、ある種の「意識の変性」が生じる――その「意識の変性」を、クライアントの側から現象学的に記述したものと理解しています。

それは、具体的には、次のようなことです。

私たちが一人で思い悩む時、心の内側には、何人もの「自己ならざる自己としての他者」が存在しています。そしてそれらの人びとの目を気にしたり、何かを言い聞かせられたりしています。つまり物理的には一人であっても、心理的には「ひとり」になれないでいるのです。

一方、私たちがクライアントとなって、真に深い傾聴をおこなうことのできるカウンセラーのもとを訪れたとしましょう。そこでロジャーズが言う受容的で共感的な人間関係をほんとうに経験する時、私たちは、それまで自分の心を支配していた「内在化された他者の声」がスーッと脱け落ちていくのを感じます。つまりそこではじめて、私たちはほんとうの意味で「ひとり」になることができる――より正確に言えば、「ひとりでいるような、ふたりでいるような」「ふたりでいるような、ひとりでいるような」関係の溶解を体験しはじめる――そしてそうした意識の変性状態の中で、自己の内面探索に没入していくことができるのです。

単にカウンセラーとの共感的人間関係を知覚するだけでは十分ではありません。それを基盤として、「真空」「ひとり」といった言葉で表現される意識の変性を体験した時はじめて、真の変化は生じるのです。

この視点からカウンセリングを捉えると、他者との深い共感的関係の中でこそ、人は「関係の溶解」を体験し、友田が「ひとり」「真空」という言葉で表現する意識の変性を体験することができる、という逆説的関係を意味していることになります（諸富、一九九四）。

興味深いのは、友田が人間は「真空」の中でこそ変化し成長するという自説を展開する際、そこで同時に、このことは「禅にもそのままつながる」（堀編、一九六八）「禅における〝無〟もしくは〝空〟

と同一視できる」（堀編、一九六八／友田編、一九六七）と述べ、したがってこの問題は「東洋文化と西洋文化の有力な〝かけ橋〟ともなりうる手がかりを提出している」と言っている点です。

もともと禅に強い関心を持ち、『正法眼蔵』を愛読していたと言われる友田は次のように述べています。

「ロージァズを取り上げるようになってから、何年もの間、私は彼の思考と方法……（中略）……の基盤は、そのまま禅に通じるものであると考え、かつ、かなりに深く確信しておりましたし、そのことをロージァズにも伝えて、彼に、鈴木大拙を読むようにも勧めたりもしました」（友田、一九七二）

さらに（友田の関心が親鸞に及んだ時期に書かれた）別の論文においては、自らの臨床実践におけるなまの体験が「宗教的事象」の生起として捉えうるものであることを表明しています。

「実際の臨床場面における体験をできるだけ意識化するように努めてみますと、どうしても私には、〝宗教関係の用語〟――たとえば〈自然法爾《じねんほうに》〉とか〈無位の真人〉とか――によってでしか表現しようがなくなります。つまりそこでは、〈正体不明の人間のレベル〉において〈宗教的

事象が生起している〉という言い方もできるでしょう」（友田、一九七一）

さらにその後、老荘解釈からカウンセリングの神髄に迫ろうとした友田は、ブライアンのケースの「真空」をめぐる問題を検討した拙稿（諸富、一九九四）に対して、『荘子』（内篇）の人間世篇から「虚は心斉なり」の一語を引いてコメントを加え、そこでブライアンの言う「真空」は、荘周の「虚」「心斉」と同義である、と指摘しています。

これらを踏まえれば、次のように言うことができるでしょう。

クライアントを「真空」「ひとり」の状態に至らしめることを説く友田のカウンセリング理解は、中学時代から老荘などの古典を読むことを趣味とし、きわめて鋭敏な宗教的感覚を素地として身につけていた友田が、ロジャーズの理論と方法に学びながらも、自ら臨床実践を積む中で形成していった独自の東洋的カウンセリング観であると。

さらに、クライアントが面接中に体験する「飛躍」について論じたある論文（友田、一九七四）では、「おっかしいなあ。私が話していると、いつの間にか先生が消えていなくなっちゃう」「ああいるんだなあ、と思って話してるとまた、先生がいなくなっちゃう」といった言葉を漏らしたというクライアントの例が引き合いに出されています。

カウンセリング面接の中ではしばしば「クライアントが、カウンセラーはもちろんのこと、クライエント自身をもまったく意識しないような状態」（＝「誰もいない状態」）にまでなるということ、そして「人格変容」と呼ばれるような現象は、おおむねこのような意識の変性状態において、つまり外から見れば「二人の人が話し合っている場面」のように見えながら、「体験のレベル」ではそこには「一人の人間しかいない」と思えるそういった「関係の溶解」状態において起こるということが指摘されています。そして、後に現実の関係に戻った後、このクライアントはそこで、「ひとり」ないし「真空」の状態において体験した自らの「飛躍」や「成長」の意味を徐々に確認し体認していくと考えられているのです。

つまりここでは、クライアントの変化が「往還のプロセス」として描かれています。カウンセラーとの深い共感的関係において、その「関係そのものが溶解していくような意識の変性状態」、すなわち、「ひとり」ないし「真空」の状態（友田によればそれは禅の「無」もしくは「空」に相当する）へと「飛躍」し、ついで現実の関係へと戻ってその意味を確かめる、といった「往還のプロセス」として描かれているのです。この「往道」と「還道」による意識変容のモデルは、ウィルバーや井筒俊彦の意識変容モデルにも通じるところがあります。

禅の「十牛図」を思い出される方もいるでしょう（上田・柳田、一九八二）。廓庵の「十牛図」の図八は「人牛倶忘」です。その前の図七では牛が消え去り、図八では、ついに人さえも消え去ってしまいます。言わば「絶対無」の体験です。そしてその後に示される図九では、川の流れとその岸辺に花咲く木が描かれています。これは、「絶後に再び蘇る」と言われる再生体験を意味していると考えられます。つまりここには、「絶対無」の境地と現実世界との「往還」のプロセスが描かれています。友田が描いたカウンセリングのプロセスも、これと基本的に同方向のものと考えられます。

もちろん、友田が言う「真空」は、「十牛図」に描かれている「絶対無」や「究極の悟り」ではありません。それは、クライアントが一瞬の間だけ体験する「空」ないし「無」です。それは言わば、「小さな悟り」でしかありません。しかし臨床実践の中では、現実生活の中でその意味を問い確かめていくことができるこのような「小さな悟り」の積み重ねこそが重要なのです。

友田の考えには、カウンセラーとの深い共感的関係の中で「真空」状態への飛躍がまず起こり、後にその体験の意味を現実的具体的関係の中で確かめていくという、クライアントの往還のプロセスが描かれています。それは、私たちが今後、カウンセラーとクライアントとの「深い共感的関係」の中で、その関係の深まりにともなって生じるクライアントの意識変容、日常の中での「小さな悟り」の積み重ねを大切にする日本流の「スピリチュアル・カウンセリング」を構築していくうえで、貴重なモデルの一つになりうるものと考えられます。

「小さな悟り」のカウンセリングとは

カウンセリングのプロセスの中で、クライアントが獲得していく「小さな悟り」。それは、ある時は、にっちもさっちもいかなくなった状態で生じる「突然のひらめき」かもしれません。

またある時は、どう生きればよいかわからずさまよっていた人が、「こう生きればいいんだ」と心から納得のいく生き方が定まる、方向性獲得の体験かもしれません。

こうした気づきを、心理面接における深い共感的関係にともなって生じる意識の変性状態の中で獲得し、また日常へと帰る中でその「意味」を問い確かめていく。このような「往還の体験」が、「小さな悟り」の体験です。

またそれは、自分の抱えているもろもろの問題や認めたくない現実を、「まぁ仕方ないか」と諦めて、自分のこととして引き受けていくプロセスでもあります。

たとえば、こういうことがあります。

学生相談をしていたある時、いじめの後遺症に苦しむ男子学生が来室しました。「僕がこんなふうになってしまったのは、中学生の時に受けたいじめのせいなんです。今からタイムマシンに乗ってあの時に戻って、あいつらを殺してやりたいくらいです……」と彼は訴えます。

彼が中学生の時に受けたいじめによって、ひどい「心の傷」を負ったということ、このことは、まぎれもない「事実」(心的現実)です。カウンセリングをはじめても、しばらくの間、彼は(過去にひどいいじめを受けたという)「事実」ばかりに目を向けて、それに固執し続けていました。「あいつさえいなければ」と自分の悲惨のすべてを「あいつのせい」にし続けました。そして、「変われない」のが自分なのだ、それが自分のアイデンティティなのだと語り続けていました。

しかし五十回ほど面接した頃、彼がふと、「でもいつまでも、こんなこと言っていても仕方ない……」そんな諦めにも似た言葉をもらすようになりました。

いじめた相手への恨みが消えたわけではありません。憎い相手はあくまでも憎い。けれど、「あいつのせい」にしてこれまで何年も否定し続けてきた自分の人生だけれど、そろそろ自分で引き受けていかなければ仕方ない、といった、諦めにも似た気持ちが少しずつ生まれてきたのです。

こうしたことは、ごく普通のカウンセリングでよく見られることです。

「憎悪する相手への復讐」を「諦め」、憎悪は憎悪としてそれと共に生きていくしかない。「憎悪するがゆえに、みじめに生きていくしかない自分」という人生ストーリーへの同一化を「手放し」、それへの「執着」から解き放たれて、「そんなこととしたくないけど、自分の人生は、自分で引き受けるしかないか、仕方ない……」と、本当は認めたくない、つらい現実を認め、諦め、受け入れることができるようになっていく。どんなカウンセリングにおいてもしばしば起こる、このような僅かな、しかし重要な意味を持つクライアントの内面における変化こそ、〈小さな悟り〉と私がここで呼ぶものです。

このような観点から、みなさんがこれまでなさってこられたカウンセリングを振り返ってみてはいかがでしょう。多くのクライアントが本当は認めたくない、どうしようもなくつらい現実を少しずつ、認め、諦め、「受け入れる」、そのことによって何かを「手放し」、「執着」から解放されていったのではないでしょうか。

その意味で言うと、さまざまな場所でおこなわれているごく普通のカウンセリングは、それがおおよそカウンセリングと言えるものになっているならば、そのすべてが「〈小さな悟り〉のカウンセリング」であるはずです。そして面接場面の至る所に、スピリチュアリティが顕現しているはずなのです。

第6章

座談会　カウンセリング／心理療法とスピリチュアリティ
——トランスパーソナル心理療法をめぐって

河合隼雄 × 滝口俊子 × 藤見幸雄 × 諸富祥彦

トランスパーソナルとの出会い

諸富　「御自身とトランスパーソナルとの出会い」についてお話しいただきたいと思います。僭越ながら最初に私自身のことを申し上げさせていただきます。

極めて個人的なことですが、私は中学三年から大学三年くらいにかけてたいへん悩みの多い青年でした。どんな悩みかというと、オウム真理教の幹部が日記に書いていたような悩み、つまり自分がこの世に生きていること自体が許せないと同時に、人類そのものが許せない。この世に生命という、どうしたって自己中心的なものがあること自体に嫌悪感を感じていたわけです。高校生の時と大学生の時の二回自死を試みたこともあります。そんなわけでずっと悩んでいました。

七年間くらいそんな感じで悩んでいたのですが、いつまで経ってもにっちもさっちもいかないので、ケリをつけたいと思い、大学三年の秋のある日に三日三晩、飲まず食わず寝ずにひたすら問い詰め、考えぬいていった。そしてそれが、もうどうしようもない限界まで辿り着いた時に、〝スポーン〟と抜けるような体験をしました。

それは今でもかなりリアルに覚えていますが、「これはどうしようもない、もうどうにでもなれ」と寝てしまったら、もうすでに自分は朽ち果ててしまっているにもかかわらず、何かこの、お腹のあたりに力とエネルギーの強い働きを感じました。私はすでに朽ち果て、倒れてしまったけれども、何かここにいのちの働き、エネルギーのようなものがあって、これがそれ自体で立っている。しかも意識の立脚点が半ばそちらに移ったみたいで、私の実感では、「これが自分の本体だ」、これまで自分が自分だと思っていたものは実は仮の姿でしかなく、むしろ、ほんとうは、こちらが自分の本体なのだ、とそう感じたわけです。

井筒俊彦先生的な表現をお借りすると、〝いのちが私している〟。〝私がいのちを持っている〟のではなく、いのちの〝はたらきそのものが〟まずあって、それがある時は花し、ある時は鳥し、ある時は石という形をとるように今、ここでは、〝この私〟という形をとっている。そんな実感があったのです。

これが私の原体験です。しかしそれまで私は、宗教とか、トランスパーソナルといった、ちょっと怪しい感じのするものには一切関心を持たない人間でしたので、その後が大変でした。これは何のことかわからないということで、死に物狂いでそのことを考え始めました。その時、もう一九八〇年代半ばでしたから、本屋に行くと吉福伸逸さんたちが訳されたスタニスラフ・グロフ、ケン・ウイルバーなども置いてあって、手に取ったのですが、こんな怪しいものはとても信用するに足りないと思って、置いて帰ったのを覚えています。そこで私は、宗教哲学、特に西田幾太郎や久松真一の無相の自己、あるいは滝沢克己、八木誠一などの宗教哲学に拠り所を求めました。

その中で今でもよく覚えているのは、キリスト教の文脈で言うとパウロが「もう私は死んだけれども、私の中でキリストが生きている」という言い方をしていますし、あるいは臨済が「赤肉団上に一無位の真人あり」と身体的な比喩を使って、私の体験した「自己本体の働き」のようなことを言い当てている感じがしました。そのあたりの言い方が私の体験にかなりぴったりくるような感じがしたのです。西田の後期の論文に「場所的論理と宗教的世界観」というのがあって、その中で、「我々はどこまでも自己の底に自己を超えたところにおいて自己を持つ」と言っているところがある。それが私にぴったりきたわけです。

そんなわけでひたすら自分を見つめていたのですが、そのころ、私はすでに児童相談所で不登校の子どものケア、あるいは親の相談なども始めていましたが、あくまでも自分のことは自分のこと、自分の体験を了解する上で宗教哲学は非常に役に立つが、カウンセリングや心理療法は人のことだから別であるという感じでいました。

しばらくはそんな感じであくまで自分のことは自分のこととして処理しようとしていましたが、次第に、自分が本当に拠り所にしているものをカウンセリングや心理療法に生かしていないという矛盾を感じるようになりました。カウンセリングでも時折、非常に苦しんでおられるクライエントの方の背後にえもしれぬエネルギーを感じ、私自身が体験した何か微細な、しかし強烈なエネルギーみたいなものをクライエントにも感じるようになって、これ以上私のことは私のこと、他の方のことは他の方のことというふうに分離してやっていくのは無理があるなと感じ始めたのです。

ではどうすればいいかと考えた時、やはりこれは自己を越えた体験なので、これはトランスパーソナルだということで、この分野に飛び込んだというのが一つのきっかけです。

もう一つは、ここにおられる藤見さんは「私の友人であり兄貴分であり先生でもあります」とよく申し上げている方ですが、十年くらい前に、人間性心理学会で藤見さんのされているワークショップに参加してたいへん感動し、それがあまりにすばらしすぎたのでしばらく会わないようにしていたのですが、一九九七年にトランスパーソナル心理学研究所に留学をし、帰って来た後で、いろいろご一緒させていただくことになりました。

藤見　私のトランスパーソナルとの最初の出会いは河合先生の『宗教と科学の接点』（岩波書店）でした。そのなかの「自然（じねん）」という在り方、考え方に特に感銘し、私が一生問い続ける公案になるだろうという予感をもちました。その辺りのことは以前に雑誌『プシケー』で書かせていただきましたので、今回は今朝見た夢の話から始めさせていただきたいと思います。

それは、この場に在野の立場から日本にトランスパーソナル心理学を導入された吉福伸逸さんに来ていただかなければ、と考えていた矢先に見た夢です。夢に吉福さんが登場され、彼が英語で書いた著書に対して、吉福さんを信奉するアメリカ人の若手の心理学教授の働きかけがあって、某大学から吉福さんの今までの業績が認められてドクターを授与されるというものでした。

今日、みなさんとお会いする前に、私はその心理学教授の立場から、吉福さんの、何を信奉しているのか、彼の何にひかれるのかと少しアクティブイマジネーションをしてきたところです。すると私の投影する吉福さんの中に禅宗的な宗教性、あるいは禅寺にあるようないい色つやに苔生しているどっしりとした石が存在していたのです。アクティブイマジネーションを続けると、何ともいい色の石あるいは岩が彼の丹田の辺りに存在していたのですが、それが今度は禅宗のお坊さんか仏陀が静かに瞑想しているイメージに変わっていきました。そこで私も同じように瞑想すると、意識が深まっていき、非常に安定して落ち着くという夢を今朝見ましたので、この場に吉福さん（イメージ）にも来ていただくのがいいのだと思い、この話を最初にさせていただきました。

河合　吉福さんとはどんなご関係でしたか。

藤見　まずはアメリカでの留学経験から話させてください。

ある時期、死の人類学、死の社会学、死の哲学、ととりつかれたように「死」について考えていたことがありました。そんな折、――これは私の個人神話なのですが――私は兄の命日と同じ日に誕生していて、「死」が私の人生の節々で強烈に布置されるというイメージを描きました。そして、日本からアメリカに来て、このまま学者として文化人類学を研究していくのかどうかと悩んでいる時、実は先生の『宗教と科学の接点』に出会い、また一時帰国中に、たまたまちょっとしたご縁で、吉福さんにお会いする機会があって、つまりある種の危機、危険とチャンス（好機）が背中合わせにあった時期に、トランスパーソナルに出会ってしまったのです。

私は大学と大学院でシャーマニズムを研究していたのですが、そのときの指導教官がシャーマニズムの専門家で「自分は人類学を十二分に学問として研究したから、これからはもっと実践的かつ臨床的にシャーマニズムを試みたい。私はこの大学院を辞めるから、君がもし私みたいなことをしたいのなら、カリフォルニアにあるトランスパーソナル心理学研究所を紹介しよう」と言われ、それが頭に残ったまま日本に一時帰国しました。その時、先生のご本と出会って、以上の話を吉福さんにしたら、「就職はアメリカでも日本でもないだろうね、でも続けてみたらどう？」と言われたのです。就職がないのは困ったなと思ったのですが、何かに突き動かされ、何かに憑かれたように、トランスパーソナル心理学研究所に留学先を変えてしまいました。わけのわからないうちにまさに布置というか、共時性に巻き込まれてしまったのです。

留学を応援してくれていた両親は実は人類学をよくわかっていませんでしたし、ましてやトランスパーソナル心理学をきちんと説明してたら、友人や先輩共々皆に行くなと言われたと思います。

河合　そりゃそうでしょうね。

藤見　気付いたら、トランスパーソナル心理学研究所にいました。吉福さん個人について言うと彼独特の低い声のトーンにとてもひかれました。それが今日の夢の石のどっしりした感じやお坊さんと重なるんです。

諸富　吉福さんは、いい声をしていますね。私も吉福さんの呼吸法のワークショップに出たことがありますが、その後でアメリカでグロフのワークショップにも出ましたが、吉福さんのほうがはるかにうまかった。それはなぜかと思っていましたが、吉福さんは声がいいですね、あの声はちょっと意識を変性させやすい。

河合　あの人は歌を歌うんでしょうか。

藤見　ジャズをなさってました。歌は聞いたことはありませんが、いいリズム感をもっておられます。それだからジャズの延長としてセミナーやワークショップや対人関係の中でいいリズム感を生かされている。ジャズですから即興性もありますし。

京都での国際トランスパーソナル学会

滝口　吉福さんのことをお聞きしていて思い出しましたので、まず、吉福さんとのことを話させていただきたいと思います。私は、吉福さんが主催されたワークショップに初めて参加する予定の一週間前に、脳梗塞を発症しました。突然のことで呆然として意識が朦朧としていた時に、見舞いの手紙をつけて、参加費を全額返してくださったことを、懐かしく思い出しました。

そのワークショップの少し前に、第九回トランスパーソナル国際会議に出席しましたので、その時のことをお話ししたいと思います。

河合　あれは一九八二年？

滝口　一九八五年です。河合先生のおられた京都大学に内地留学させていただいた年の、四月でした。国際トランスパーソナル学会は、ほんとうに衝撃的な体験でした。それまで私が学んでおりました精神分析学の、因果律による思考とは全く異なる話題が、次々と交わされていました。論理的整合性に重きをおく論争ではなく、ご自身の体験から湧き上がることを話しておられることに、驚きと感動とを覚えました。八重桜の満開の京都国際会議場に、たくさんの外国の方々も来ておられて、夢を見ているようでした。

先ほどの藤見さんの夢の話で思い出したのですが、トランスパーソナル学会の初日の夜に、「私の庭に木を植える」という夢を見ました。この夢は、その後の私に、大きな示唆を与えています。

諸富　ありがとうございました。では、河合先生、お願いします。

河合　私は御存知のようにユングの心理学をしていて、その中で箱庭療法をし、一九六五年に日本に帰ってから一人で手探りでずっとやってきて、それからずっと向こうへ行きませんでした。行って変に変化するのも嫌だったし、自分の体験を基にしていきたいという気持ちがあって、それでも箱庭療法は日本人に向いているというのでしていましたので、カルフさんだけは日本に来ていたのです。その間、他のユング派は全然没交渉で一人でずっと勝手に考えていました。

それでそろそろあちらに行こうと思ってちょっとアメリカに行ったのが一九八二、三年でした。その時に、カルフさんのところに行き、箱庭の人たちが集まっていろいろ話をしましたが、そこに国際トランスパーソナル学会のセシル・バーニー会長がわれわれの箱庭のグループにおられ、彼もそこに来ていて、カルフさんもトランスパーソナルに入っていた。私は自分で勝手なことを考えてきたと思っていたけれども、話をするとみなが面白がって、案外通じるなと思っていたら、セシル・バーニーがたいへん感激して、「ぜひ国際トランスパーソナル学会で発表してくれ」と言われました。

一九八三年にダボスであった大会に参加しましたが、その時の正直な反応は、玉石混淆でした。滝口さんが言われたように、確かに、日本の、いわゆる学者みたいな頭だけで考えてつまらないことを言う人はいないですが、途方もなく外れていく人と、たいへん深い話をする人と両極端に分かれて、ただ非常に残念なことに、聴衆はどちらに対しても感激している（笑い）。これは危ないことをしていると思ったら、バーニーさんから「一九八五年に日本でやってくれ」と言われましたので、私はバーニーさんに率直に話をさせてもらいました。

彼らは日本という文化はトランスパーソナルを最も理解する文化であると思っている。「あなた方はトランスパーソナルというのは、さきほどの禅の話ではないが日本に行けば一番通じると思っているけれども、学者はまったく違う。日本の学会や学者はコチコチの近代科学で凝り固まっていて、トランスパーソナルなどは全然わからない。むしろ国民、文化というのはトランスパーソナルに近いが、学者は全然わからない。今日、ここでしたような会議を日本ですると、まったく否定されるか、バカにされるだけだ。非常に申し訳ないが、この会は玉石混淆がひどすぎる。もし日本でするのなら、石のほうは捨ててくれ」と言ったんです。

すると、バーニーさんはそうすると言ったんです。その点、バーニーさんはすごい人でした。私が率直に言ったら、今度はそういうものを入れない、日本でする時には精選する、そして学者が聞いてもそんなバカな反応が出ない人たちを集めると言ってくれて、それではしましょうということになりました。

私がダボスに行った時の一番深い体験は「ダライラマ」でした。それまで私は彼を全然知りませんでしたが、彼が来るというだけでアメリカの人たちはほくほくしていて、それを見るだけでもむかむかしてきて、ミーハーみたいに「ダライラマ」と言っているので、嫌だと思っていたのですが、「会いますか」と言われるので、私も珍しがりですから会おうと思い、入って来るのを見たらウワァーッと思いましたね。

本物が歩いて来るという感じで、握手した時、相手もたいへん印象に残ったようですが、ほとんど物は言わなかった。向こうも印象に残っているし、個人的にも話し合いができましたが、これはたいへん素晴らしかったです。あんな講演滅多に聞いたことがないくらいすごい講演でした。やはり本当に自分の言葉で自分のことをあっさりそのまま完全に喋れる人、これはみながミーハーになるのも無理ないと思って、あれは私にとってはトランスパーソナルということがわかる非常に大きいできごとでした。それからカルフさんの家でも会いましたが、向こうも親近感を感じていたようで、わりあい個人的に喋ったりしてました。

そういうこともあり、日本で国際トランスパーソナル学会をしようということになったのですが、そのときは大分警戒して、ダボスの時とはたいそう違いました。ダボスの時は確かに玉石混淆でしたが、日本に来た時にはセシル・バーニーが石は入れませんでした。一九八五年に私はスタニスラフ・グロフに会い、対談をし、これはすごい人だと思いました。あの人も本当に自分で体験的にしてきた人ですから。

ただ、私としてはユングの心理学をずっとしてきていますし、私が一番距離を置いているところは、特に日本人の場合ですが、下手にガァーッとのめり込んでしまうと、本当にやられてしまいます。私は自分のことを冗談で「偉大な常識人だ」と言っているんですが（笑）、そういうところもあり、結局、トランスパーソナルとは、ちょっと付かず離れずというところにいます。

日本とトランスパーソナル

河合　しばらく経ってから『宗教と科学の接点』を書きました。私は日本の学者たち、いわゆる日本の心理学者というものをよく知っていますから、たいへん慎重にユングのことも言ってきました。『宗教と科学の接点』の内容を書く時も書いていいか悪いかをたいへんに考えました。ただ戦略的に言うと、岩波書店が『世界』に載せると言ったので、あれに載ればみなが何となく正しいと（笑い）思う人が多くいらっしゃいますから、そういう点の戦略もあって、書いてもいいのではないかと思い切って書きましたら、たいへんな反響がありました。あの時、雑誌『世界』はよく売れたそうです。岩波書店の人は「『世界』はこういう論文でない論文で売ろうとしていた」と言っておられた（笑い）。お蔭で私の考えている思い切ったことが書けてそれが良かったか悪かったか、藤見さんを悪いほうにひっぱりこんだのかもしれませんが（笑い）、しかし書けて良かったと思っています。

やはり今でも日本のアカデミズムというのは、まだまだ古い体質のほうが強いのではないかと思います。これは日本だけではなくてアメリカでもユング派の人が教授になるというのはたいへんですが、トランスパーソナルの人となるとますますです。そんな中で、日本でこういうことをだんだんみなに浸透させていくという時に、土壌としては、さきほどの禅の話ではないですが、日本人は深いところでは持っているんです。でもそれがないような顔をしようと努力することが近代人であると思っていますから、そういう矛盾の中で両方考えながらやってきたというのが私の実情ではないかと思います。

諸富　今、お話を伺って、最初に日本にトランスパーソナルを紹介して下さる時に、たいへん心を砕かれて守っておられたのだと感動しました。

河合　だからグロフさんなどはすぐに対談して新聞に出したりしました。これなら大丈夫という人を選んでしました。

諸富　先生のお話の中で、日本人の生活はトランスパーソナルだが学問は違うと言われましたけれど、それは何なのでしょうか。

河合　日本人は明治以来追いつき追い越せをやっていますから、日本を否定して、いわゆる欧米の近代的な文化を真似しようと必死になったんです。考えると日本人というのは本当に変ですね。和算などは全部平気で捨てて、向こうの数学を取り入れる。日本の音楽も素晴らしいものがいっぱいあったのに、小学校でドレミファソラシドを教え、全然日本のものを教えないということを平気でやった。

例えば、宮中でも、女性たちは全部西洋の服を着て、今でもあれが正装ですね。たいへん変な感じを持つんですが、いろいろな国が集まると、その国の王妃、王女はみな自国の服を着て来られますが、日本の正装は西洋の服です。死に者狂いになって西洋化するというのが、一番結晶して大学にあるわけです。それがずっと続いて来ているということがあるから、一般の人でも自分は知的であるとか、進んでいると思いたい人は西洋の真似をする。しかし、もうそろそろそういうものを克服して貰わないと困ります。

諸富　日本人は確かに西欧的なもの、近代的なもの、理性的なものに固執していますよね。だからこそ、そこから外れると、その反動は逆にものすごく大きい。

河合　外れたらメチャクチャになってしまいます。西欧人はそれを本物として持っているから、トランスパーソナルに入っても危険性がないというところがありますね。

諸富　むしろ日本人のほうが危ないですか。

河合　危ない人が多いですね。ちゃんと入る人もいる。それは非常に見極めてしなければいけないところがありますね。そんな理屈を言わなくてもスッと本質がわかる人もクライエントの中にはいます。

諸富　私も『トランスパーソナル心理学入門』（講談社現代新書）を書きましたが、あれに対する一部の批判は、トランスパーソナルの魅力は危ういところにあるのに、この人は大学人だから、慎重になりすぎているという批判でした。

河合　しかし、ある程度そうしないと、大学にいられないですよね。そこのところがたいへんですが、しかし私はそれでも大学にいれるべきだと思います。大学のアカデミズムから離れてしまうとか、それは民間でやっているのだというふうに絶対になるべきではないと思います。これからの学問、これからの科学はこういうことを絶対扱うべきだと思っていますが、非常に慎重に踏みしめていかなければならないので、そこのところは難しいです。『宗教と科学の接点』を書く時でも、そういう点をたいへん考えながら書きました。

前世、死後生の語り方について

諸富　河合先生が瀬戸内寂聴さんとの対談の中で「前世療法」のことについて触れられていましたが、「前世」という考え方は非常に便利だと、何があっても前世のことにしておけばいいので誰も責めずにすむし、非常に便利だとおっしゃっていました。例えば、『源氏物語』でも口説き文句に「前世のこと」を持ち出して口説いていると。それはよくわかりますが、ある意味では前世療法を字義通りに信じている方もかなりおられますね。

河合　そうです、それが困るんです。『前世療法』という本はたいへん慎重に書いてありますよ。前世があるとは一言も書いてない。あれは大したものです。実に客観性を持って書いています。こういうやり方でこういうことが起こったということを非常に的確に書いています。

諸富　私はアメリカで、著者のブライアン・ワイズ氏のワークショップに参加したのですが、最後に一言「自分の経験だけを信じなさい」と言われたのを聞いて、この方は信頼できると思いました。しかしその一方でやはり、たいへんに怪しい人もいました。

その点とかかわるのですが、河合先生が『宗教と科学の接点』の中で、キューブラ・ロスの危険性として、「語り方」がおかしいと言われているのに、非常に共鳴しました。つまり「私は、死後の世界を知っている」とキューブラ・ロスは言うが、ただ自我のレベルで語っていると。キューブラ・ロスの言う死後生も、確かにある意味でのリアリティなんでしょうけれども、それは、ある特定の意識状態におけるリアリティだ、別の次元の現実なのだ、ということをきちんと言わなければいけない。それを、この世の現実におけるリアリティであるかのように語ることが一番危ないと思っているのですけれども。

河合　そう思います。だから、次元の違うところで言えば、何も「来世がある」と言おうと「前世がある」と言おうと構わないが、パッと自我のレベルの中で言ってしまうと次元の混乱が起こると思います。

諸富　意識の次元をきちんと仕分けしながら語る必要がある。

河合　そうです。だから個人的には言いやすい。例えば、私が諸富さんと話をしている時に、二人でレベルの確信があれば、「いやぁ、前世ではね」という話をしても構わないわけです。ところが、だからと言って、大学で「前世があります」と言えば、これは全然違うわけです。そこのところはたいへん難しいですね。クライエントと話をしている時もまたそれとは違う。ところがクライエントはそういう状態にいるから、私が「そう」と言っていても、その人が外へ行って、「河合先生の話によると、前世があるんですよ」と言い回るような人には言ってはならない。だから、そういう見極めというのはたいへん難しいと思います。

諸富 大切なことを教えていただきました。

河合 本当にそれはいつもいつも思います。

布置と共時性

藤見 私は河合先生のご著書を通じて「布置」と「共時性」についてたくさん教えていただきましたが、今おっしゃられた「見極める」ということを、布置や共時性を読むということとの関連でご質問させていただきたいと思います。先生は布置を読もうとされる時、内面だけを見ていかれるのか、それとも岩波であれば書いてもいいのではないだろうかというように、布置を外側の行動指針のようなものとしても役立てておられるのか、今のお話を伺っていると、おそらくその両方なのではないかと思うのです。

河合 そうです。

藤見 私はユング心理学の素晴らしいところの一つは、単なる内界志向ではなくて、内面と外、その両者の背景に布置を見ているところだと思うんです。布置という見方は、面接室の中でしっかりと構造化された面接だけではなくて、例えば、病院臨床でも、スクールカウンセリングでも、――内と外の両方の背景を見極めていくので――、重要であるだけでなくとても実用的だと思います。

河合　ユンギアンではやはり内面だけ見る人、そちら側だけで話をしている人が多いです。しかし、ユングの言っているコンステレーションは外も内も絶対入れて言っています。

藤見　L・フレイ・ローンは、『臨死の深層心理』（人文書院）で布置や共時性の原理のことを、「心の前意識層と関係し、同時に内と外に対応する出来事を配置する（三九頁）」と述べています。これは少し怪しい言い方かもしれませんが、夢というのは、「私の内面」だけにあるのではなくて、「世界」も夢を見ている。そして布置とか共時性というところに焦点を合わせる時には、今日はトランスパーソナルの座談会ですので、次のようなことを言わせていただきますと、ちょっと違う次元のところ、ドクター・フレイの言い方ですと「心の前意識層」に目を向けていくと、内と外に通じる布置あるいは夢というのを読み解けるきっかけになるのかなと思うんです。そのことを先生にお伺いしたいと思います。

河合　本当にそう思います。私は、それがどこまでできるかとそればかり一生懸命やっていると言ってもいいのではないでしょうか。内と外も言えるし、私とあなたも言えるし、みなに共通するコンステレーションのようなものがあって、それを読むのは普通の意識では読めないですね。だから自分で意識の次元をある程度変えながらどれだけ読みとるか。ところが読み取ったことを言葉にしてものを言おうと思うと、意識の次元は普通の次元になってくる。これはたいへん難しいですね。

禅の場合だと、そういうのを「門前の柏樹子」とかいうイメージでパンとやったわけです。われわれの時代はもうちょっとそうはできないですね。というのは、あまりに外界のことがわかりすぎて、しかもみなすごく外界の方に価値を置いて生きていますので、それを無視できませんから。禅の人にときどき冷やかして言っているんですけど、禅に「片手の音」というのがありますが、片手の音を聞くのも大事ですが、禅の坊さんはチェルノブイリの爆発音をどう聞いているかと、そういうのも聞いて下さいと。やはりそれを聞いてものを言わないといけないのではないかというのが私の考えです。

話が少し逸れますが、山本玄峰老師という禅の坊さんがいて、それに参禅していた人に聞きましたが、戦争中に、今日の公案は日本が敗けることだと、それが公案だと、日本が敗けたことをみな答えなさいと言ったというんですね。素晴らしい禅の坊さんは、それだけ現実のこともやっている。そして実際に終戦の時に、玄峰老師の弟子たちが活躍するんです。やはりすごい人は、まさに内と外をやっているのだと思います。

諸富　今、そういった宗教家は少ないですか。

河合　少ないですね。しかしああいう人は本物なんでしょうね。その話を聞いて感激しました。われわれのほうは、むしろ実際にクライエントがいますから、現実のほうが先になり、現実にどうしますかという話になってきます。

諸富　宗教家もそうですし、私たち心理療法家もやはりもっとちゃんと世界の現実に向かうべきなんですね。

河合　そう思いますね。

諸富　私が、トランスパーソナルが好きな理由の一つはそこにあります。例えば、アーノルド・ミンデルのワールドワークがそうですが、自分の内面だけでなく、この世界の現実としっかり向き合うことをやりぬいている。

河合　ミンデルという人はすごい人です。たいへんな直観力もありますし。

諸富　日本心理臨床学会のシンポジウムの時、ミンデルの発言で覚えているのは、日本人というのは一見おとなしいようで、狂い始めると一番危ないと、言われました。

河合　そう、そう、そうです。あれは印象に残っています。

性とスピリチュアリティ

滝口　話を少し変えさせていただいて。明恵とユングの女性との話とか、西洋と東洋の男女とか、女性としてたいへん関心があります。

河合　トランスパーソナルの場合、そういう女性とか、男女とかいうことが話題になりますか。

藤見　なります。アメリカではものすごいです。おそらく女性と男性の関係性を扱うようなセラピストは、日本の十倍どころか、百倍くらいそういう専門家がいるのではないかと思います。

滝口 諸富さんは、ロジャーズについて何かご存じでいらっしゃいますか。

諸富 私はロジャーズの女性関係に関心を持っています。それが彼の晩年のスピリチュアルな変容に大きな影響を与えたように思うからです。

ロジャーズはもともと性には極めて抑制的だったようですが、七十五歳くらいから複数の異性との恋やセックスにのめりこんだんです。八十歳近くなって、イギリスに来た折にも、乗った車の運転手がフラフラするくらい、後ろの席でベタベタしていたそうです。ただ、その時夫人が車いすの生活になっていたにもかかわらず、その夫人を放って他の異性と関係を持ったものですから、そのころのロジャーズのことをあまりよく言わない人も多いです。ほとんど夫人の看病をせずに、世界中でワークショップをしたり、講演をしたりしていた、と。しかも兄弟関係がたいへん悪くて、アルコール依存症でもあったようだ、と。

ロジャーズがこういう状態からスポッと抜けるのが八十歳直前で、そのころに一番いれこんでいた女性と完全に切れ、夫人も亡くなるんです。そしてちょうどそのころ、すごいいきおいでスピリチュアリティに目覚め、ロジャーズのカウンセリングがいきなり変わるんです。

河合 あ、そうですか、それは知りません。

諸富 もう一つ、そのころ、ロジャーズは大人数でのワークショップをしていて、荘厳な静けさの中で、グループそのものが宇宙意識の一部となったようなグループ体験を得たことも大きかったようです。

キリスト教でもよく教会を信徒のからだだと言いますが、それと同じような体験をロジャーズもしたのかなと思うのですが、言わば〝見えない身体〟としてのグループのものすごい力によって、ロジャーズはスピリチュアリティに目覚めた。その後の面接が全然違う。突然閃いたことをポンと言葉にして、なぜか、それがたいへん大きな癒しをもたらしたりしている。それをロジャーズは死の前の年に書いた論文で、「直観」が「受容、共感、一致」と並ぶ「もう一つの条件」と言う。このロジャーズのスピリチュアリティへの目覚めにおいて、大グループでの体験と女性との関係がすごく大きな意味を持ったようなのです。

このあたりのことを、ぜひ、明恵のことと比べてお話しいただければありがたいと思います。

河合　明恵の場合は戒律を守らなければならない。自分が仏陀の教えを受けた者として絶対に戒律を守らねばならないという至上命令が大きかった。だから、「それを破りそうになったことがある、ところが非常に不思議なことが起こって破れなかった」と明恵自身も言っています。

諸富　不思議なこと。

河合　ある女性と会うはずだったのに、それこそ嵐が来たとかというようなことがあったのでしょう、何かはわかりませんが。非常に不思議なことが起こって、自分は「戒を破る」ともう覚悟していたのに不思議なことが起こって破らなかったので、ますます、やはり自分は戒を破ってはならない人間だと思ったと晩年になって言っています。「不思議なことありて云々」と言っています。

諸富　ギリギリのところで守った、守らざるをえなくなったんですね。

河合　そうでないと、あんな体験はできないです。初めからそういう感情を拒否して生きているのなら、朴念仁というのはいますが、全然面白くない（笑い）。

諸富　滝口先生がご質問されたもう一人、ユングは？

河合　ユングは女性関係はたくさんあった、これは有名になっています。ロジャーズと違って、ユングは若い時からで、そしてある意味では家族公認だった。

諸富　家族公認ですか？

河合　ええ。トニー・ウォルフという女性がいました。彼女はユングの家に住んだりしていて、夫人との間で葛藤があり、ユングはそれを必死になって何とか乗り越えようとするんです。トニー・ウォルフという女性がユングにとってはまさに「アニマ」です。夫人との間で非常に葛藤しながら、とうとう家族も受け入れるようになって、しばらくしてトニー・ウォルフは死ぬんです。ドクター・フレイがユングの晩年に「トニー・ウォルフとああいうことがあったことを今振り返ってどう思うか」と聞いたら、「もし来世があったら、あれだけ苦しいことはしないと思う」と言ったそうです。ものすごく苦しかったから、来世はあれだけの苦しいことはしないと言ったというのもすごいと思います。人間である限りはどこかで苦しみがあるのは仕方ないです。

諸富　そうなると、ロジャーズもユングも異性関係、女性の問題でたいへん苦しんでいるんですね。

河合　たいへん苦しんだでしょうね。

諸富　スピリチュアリティというのはどのように捉えればいいでしょうか。

河合　まさに今『週刊朝日』に「恋と愛は違う」と書いたところですが、森下洋子さんの『バレエの情熱』というのを読んでいて、その中で有名なヌレエフという男性とマーゴ・フォンティーン、これはたいへんすごいペアだったんです。あまり人気があって、統麗に踊るからみなが私生活も怪しいと言い出す。その時に、マーゴ・フォンティーンが「これだけの踊りができるということは、われわれの間に言葉では言えないすごい感情の交流があったということは否定できない。けれども、愛というものは非常にたくさんの形を取るものだ。その中の、そういう意味における愛は、われわれの間にあったが、これは恋ではなかった」と。

すごいです。だから、やはり愛のさまざまな形というものの中にスピリチュアリティも入ってくると思うが、それは明確にわかってくることによって恋から逃れられるのではないかと思います。それでも人間というのはわかりません。

諸富　臨床家が恋で悩むということにはどんな意味があるんでしょうか。

河合　それはさきほど述べたように、愛のさまざまな形というふうにフォンティーンが言えるようになったというのは、踊って踊って踊り抜いて、ヌレエフという凄い天才に会って、とうとう分かるのですから、それが分かるまでは、やはりいろいろ恋をしないとしょうがないのではないかと思いますが。ただ、恋愛をするために実際的行動をするというのはどうかと思っています。恋愛していればいいんでね。

藤見　さきほど滝口先生がお話しされたときから、ずーっと「桜」のことが心に残っていたのですが、桜の季節になると、鬱になるクライエントがいらっしゃる。そういう人たちから桜の開花過程の話などを丁寧に聴いていると、続けて、蛙がゲロゲロ鳴く、いろいろな草花が芽出てくる、そういう話や夢が語られることがあります。だが、ご本人は、そういった季節や夢の時に抵抗されている。しかし話が進むにつれて、面接室の中が次第にエロスで満たされてきたりします。そうすると、男と女ではない次元で、愛というかエロスに包まれてくる。それがたいへん面白い。すると、いろいろなものに、恋こがれる気持ちがわきあがってくる。人間ではない次元で——言語化するのは難しいんですけれども——いろいろな存在に対して恋こがれて……。

河合　やはりトランスパーソナルというのは、そこが強いと思うんです。パーソナルになったら恋愛というものはすぐに行動に結びついていく。トランスパーソナルなところに目がいくということは、そういう強さではないでしょうか。私たちはいかにその次元でものを見ることができるかということではないかと思います。

諸富　先生も書かれていましたが、やはり中世の時に宗教がしっかりしていたのが、近代になって宗教が弱くなってロマンチック・ラブになった。

河合　そうです。

諸富　ある種、恋愛というのは、すごい宗教性とか、超越性を持っていますね。

河合　もちろん、絶対にそう思います。だから、その中にスピリットが入っているわけです。ところが恋愛という場合は、スピリットと、ボディと両方入ってくるわけで、ものすごくたいへんです。特にキリスト教の場合は、完全にボディを切り捨てたスピリチュアリティというのを言ったわけです。そしてそのキリスト教の力がだんだん弱まるにつれて、ロマンチック・ラブが出て来て、その時に、現代のアメリカ人みたいに「ロマンチック・ラブで結婚するのが一番幸福だ」というような途方もない錯覚を起こして（笑い）、そうすると長続きしない、するはずがないんですね。

スピリチュアリティの教育

藤見　河合先生、滝口先生、諸富先生にお伺いしたいのですが、私たち大学、大学院まで理性のほうの教育は十何年しますね。ところが情念やスピリチュアリティのほうは全然しない。

例えば、ある事象に関してそれはスピリチュアリティのことなのか、「肉体」のレベルのことなのか、はたまたその両方が相重なっているものなのか、その辺が一緒くたになってしまって、分化されていない。本当だったら、私のある時のエロス感情はバッハやシューマンの音楽に共振し、別の場合は桜を見たほうがいいのかもしれない。勿論肉体の次元のこともあるでしょう。しかしそれが一緒くたになってしまっているので、すべてがアメリカ人が言うようなロマンチック・ラブになってしまう。本当はもっと分けていったら、その中にいろいろなラブやエロスがあるような気がするのです。理性のほうはたくさん教育するのだけれども、情念や感性、スピリチュアリティのほうは全く未分化なので、字義通りの強烈なエロスにしか関心が向かないという気がします。

河合　外国はどうなのか、そういう点、日本の教育ということではもっと考え直していいと思うんです。それはドナルド・キーン氏が中教審で「もっと文学を教えて下さい」と言われました。『源氏物語』は文学ですよ、ところが教師は『源氏物語』は文法だと思うんです（笑い）。そうすると、誰も読む気がしなくなる。だから日本の古典にはたいへん面白いものがたくさんあるのに、高等学校で習った時に、みな嫌になると。だから、その時に、「夕顔はこういう恋愛をした」とか、「浮舟はこうした」などということを習えば、さきほど藤見さんが言ったような意味における教育になるんです。ところがそうではなくて「夕顔が言ったこの係り結びはどこにあるか」となると何も面白くない。もう少し教育でも、本当は考えるべきではないでしょうか。大学教育などはシェークスピアでも難しいことばかり教えている。

滝口　私は小学校、中学校の「道徳教育」を考え直さないといけないと思います。大人たちが狭い頭で決めつける良いこと悪いことに子どもたちを従わせてしまい、子どもたち一人ひとりが倫理観として捉えたり考えたりする機会を、どんどん奪ってしまっている。そういう意味で今、子どもの倫理性をはぐくむ教育を大事にしなくてはいけないと思っています。教育を真に大切にすることによって、文化は継承されていくと思うのです。

日本の大学とトランスパーソナル

河合　諸富さんは大学で教えられる時、トランスパーソナル的なことをどのくらい話されますか。

諸富　トランスパーソナルについての講義はほとんどしませんが、大学院生には、ワークショップ形式で、体験的に学んでもらっています。学部生には教えていません。うちの大学院はまだ安全だと思うのは、全員社会人ですから、自我が強い。若い学生だと、こうした体験学習でトランスパーソナルのような深いところまでいくのは、もっと難しいと思います。

河合　そうですか。社会人ですか、そうすると手応えはありますね。

諸富　パロアルトのトランスパーソナル心理学研究所もたしか、最低入学年齢が二十八歳以上でした。

河合　そうでしょうね、わかります。ユング研究所も資格を取るためには、確か二十八歳から学ぶのだったと思います。

諸富　心理臨床の日本の大学院も二十八歳以上にしてもらったほうがいいのではないかと思うことがあります。

河合　もう少し制度が進めば、臨床心理学の大学院に入るためには社会経験を持ってから入るようにしてもいいと思います。学部からすぐに入ってというのは無理だと思います。これは本当に真剣に討論してもいいことかもしれません。学部出てから何をしていてもいいが、何年か経ってから大学院に入るというのがいいかもしれませんね。

諸富　トランスパーソナル心理学研究所でたしか、八十何歳の老婦人が入って来られ、「私はあと三ヵ月で死にます。自分の人生の仕上げのためにこの大学に来ました」と言われ、実際に亡くなられた方がいました。

河合　そうですか、すごいですね。

藤見　私のクラスで最高七十四歳の方がいらっしゃいました。優秀な方で他の大学院も複数合格したのですが、トランスパーソナル心理学研究所に来られて、それから三年かけて臨床心理士を取られました。現在、ご存命かどうかは知りませんが、たいへん刺激になりました。

河合　私もまだ大学院に行かれるね（笑い）。長官を辞めたら。

トランスパーソナル体験と自我

滝口　トランスパーソナルが好きな方に、ほんとうに素晴らしい方と、自我の弱い方との両方おられますね。

藤見　そうですね。これはたいへん難しいことで、理性的な言葉でトランスパーソナルを語る人の背景に非常にまだ未分化な情動、スピリチュアリティを実は抱えている方も多くおられるし、あとは、本当はトランスパーソナル的なものを持っているが、トランスパーソナル的なことを語るメタファーが非常に稚拙な方もおられます。例えば、「自分は宇宙人に拘束されて、この世界は宇宙人に拘束されているのだけれども、でも、実は宇宙人は私たちの次元ではない次元から私たちに何かを行っているのだ」と。ここには稚拙ながら次元の多層性と観察自我の萌芽があります。

そういった場合、クライアントの話を丁寧に聴いていると、トランスパーソナルな深い次元の体験が促されることがあります。本当にいかがわしかったり病理的な意味で宇宙人の話をする人の方がずっと多いのですが、その辺りがとても難しいです。いかがわしい話イコール変かというと必ずしもそうではなく、磨くといかがわしい話の中からトランスパーソナルなものが出てくる方もいらっしゃる。

河合　おっしゃる通りです。

藤見　たいへん難しいです。逆に、知的に語っているから、情動面や「からだ」に関する側面、スピリチュアリティが成熟しているかというと、これも、逆の点もあるんです。

河合　本当にそうです。心理学の世界の難しい点は、何も体験なしでも一応言おうと思えば言える、ちょっと頭が良かったらトランスパーソナルの話ができるわけです。そこが難しいです。

浅い転移と深い転移

藤見　河合先生にもう一つ是非お伺いしたいことがありまして、それは臨床の面で、浅い転移と深い転移と、それから強力な転移、それは逆転移でもいいんですが、そのことについてです。浅い、深いということは意識の次元で言えることですね。特に、みなさんも同じだと思いますが、困難なクライエントがこられると、深めるというところではなくて、もう深められてしまうというか、ひきずり込まれるということが起こる。最近故井上亮氏の存在をふとしたことから知り、彼の論文（『癒しの森』創元社、加藤清監修）を読むと、彼はバリントの「基底欠損の領域」と言っていましたが、その辺りに、グーッとひきずり込まれる時に、それこそ毎セッションセラピストがイニシエーションを経験しますね。そういったことに関して、転移・逆転移について何かどんなことでもお話しいただけたらと思いました。

私、日々、それで苦労していまして、それが一番の苦労なのですが、一番面白くもあるわけです。

河合　そうそう。それは苦労だけど面白いというのは本当に言われている通りで、それに比べたらこの世の普通のことは何も面白いことはない（笑い）。本当にそうです。

ユングが「いわゆる偉い人、立派な人、すごい人にもたくさん会った。しかしそれは海上で船が行き違うのと一緒だ。やはり一番深い体験はクライエントとの関係である」と書いていますが、その通りだと思います。その時に、自分という人間の限界というものをどこまで自覚しながらやっているかということだと思います。だから、やはり申し訳ないと思うことはあります。それは相手は深く激しいけれども、私は自分の限界を守っているわけですから。ところがその人は怒ったり、文句を言ったりすることができる。その怒ったり、文句言えたりできるところがいいのではないかと思います。普通は言えない。しかし来て怒りまくる人とか、帰ったあと怒りまくったファックスがいっぱい来るとか、そういうことができる。

しかし、こうも言えるんですよ。非常に深かったら、私もパッと深くなって、うまくいくことはないのではないでしょうか。浅いところに止まっている人間に怒って、怒って、怒って、この人は深いものを浅いレベルで生きるようにできるのであって、こちらも一緒に入ったら共倒れではないかと思います。だから、普通と違うのは、すごく怒られたり怒鳴られたりしても私たちは関係をずっと維持している。それで止めないですから、それが大事なのではないかと思ったりします。

藤見　それとの関連で、私が最近よく思うのは、セラピストがクライアントを傷つけることです。よくクライエントの傷つき、セラピストの傷つきということは言われますが、私たち臨床家は日々クライエントのことを傷つけています。

河合　それはそうです。だから「先生に言われて傷つきました」と言われたから、「あなた、傷もつかないで成長する気でいるの？」（笑い）と聞いたことがあります。傷つけるために怒っていたらとまらない。けれど、その傷つきがどこまでの深さで、こちらがどこまで自覚があるか、自覚なしに深く傷ついてはいけませんけど、それは傷のつけ合いだと思います。

私が子どものころ読んだ本で忘れがたい本が一つあるんですが、その中に「家康の家来のある侍が、自分の体をパッと見せたら、体中刀傷いっぱいで傷だらけなんだけれども、その傷が固まって強くなって、また固まって強くなって、その体を見せて、私はこれでたった五百石貫っている」というところがあるんです。子どものころ「これでたった五百石」とよく真似をしていましたが、それを忘れられない（笑い）。

自分でも思いますが、自分でも体を見せて「私はこれでたった五百石」と言いたくなるような、私たちは傷だらけですよ。しかし、そのかわりにちょっとくらい切られてもこたえないですよね。

藤見　先生にはこどものころから「ウンデッド・ヒーラー（傷ついた癒し手）」が布置されていらっし

やったんですね。私のところに来ている看護師さんたちは、注射の練習のために青痣だらけなんです。お互いの腕で注射の練習をするそうです。それに比べたら私はどれくらい傷つくあるいは意識的に傷つける練習をしてきたかと思います。今、それを思い出しました。

河合　そうですか。そういうふうに目に見える傷の方はわかりやすいですが、われわれは目に見えない傷でやっているし、また目に見えない傷をいっぱいあちこち切っているわけです。

藤見　そうですね。

河合　だから、たいへんと言えばたいへんだけれども。

諸富　そうとうタフでないとやっていかれないですね。

河合　そうですね。私はそんなにタフではなかったんですが（笑い）。お蔭様でクライエントに鍛えられますね。

諸富　さきほど先生が言われたことで、私は勘違いしていたなと思ったのは、クライエントで深いところまでストンといく人がいますね、私は、やはりセラピストとしてはそういう人ときちんと相手をするためには、自分も底の方まで深めないとだめなのだというふうに思っていたのですが、違うんですね。むしろそういうことをすると危ない？

河合　そう思います。深さという点、直感というのはクライエントのほうが上なんです。私たちはお蔭で常識で生きているから。ところが普通は常識で判断して、相手をダメだと言うわけです。私たちは相手の価値をよくわかって、わかっているけれども、私は常識人で、常識のところにいるという、そこではないかと思います。本当に、ある意味で、選ばれた人が来られるわけですから、深さにしろ何にしろすごいです。そこは私たちは負けていますが、常識にかけてはすばらしい人間ですから（笑い）、と思ってやっています。

諸富　それに比べると、セラピストはそんなに素晴らしい人間ではなくても、選ばれた人間でもなくても……。

河合　常識は必要でしょうけれども（笑い）。それと普通は常識から相手を判断して、相手をダメな人と言う。私は絶対にそう思っていない。相手のほうがすごいということはわかっている。そこの違いが大きいのではないでしょうか。さきほど言われたように、宇宙から見られていると言うからこれはおかしいとか、バカなことと思わないで、それをちゃんと、その意味を考える。しかし、自分は宇宙から見られているかというと、私たちセラピストは見られていないわけです。相手のほうがすごいかもしれないが、私はそういう体験はないけれども、それはすごいと思って聞いています。

トランスパーソナル心理療法の基本姿勢について

諸富　トランスパーソナル心理療法では、意識というのが、手段であると同時に目的でもあると言うんですね。要するに、クライエントに意識変容を生ぜしめるためには、セラピストも意識を深めていくことが必要だと言うのですが、先ほど先生が言われた観点から言うと、自分をどこまで深められるかが勝負でなくて、深めようと思えば深められるし、深い次元も知っているのだけれども、でもあえて止まっているといったような、そういう関わり方が必要なのでしょうね。

河合　そうでしょうね。私はそう思っています。こちらもある程度の深い体験を持っていなかったら相手のことがわかりませんし、共感できないですから。しかし会っている時はどこかでちょっと止まっていないと、危ないのではないかと思います。

滝口　河合先生が書物にも書いてもおられる、セラピストはクライエントの内界に共に入ってゆきながら、片足は現実に止めておくということですね。

諸富　ここでトランスパーソナル心理療法の基本的な考えを整理させていただくと、トランスパーソナル心理療法を分類する時、一つは技法という観点がある。例えば、グロフのホロトロピック・ブレスワークとか、サイコシンセシスとか。もう一つはトランスパーソナルな体験をした人を扱うからトランスパーソナル心理療法だという考え。つまり、体験内容に着目するわけです。けれども、フランシス・ヴォーンによれば、この二つはそれほど重要ではない。むしろある心理療法がトランスパーソナルかどうかを決定するのは、心理療法家の世界観であり、どんなコンテキスト（器）を持って心理療法をするか、である。したがって、例えば普通の不登校のケースをしていても、セラピストがトランスパーソナルな構えでいるならば、技法的には一見、ただひたすら頷いているだけで何も特別なことはしなくても、トランスパーソナルな世界観を持ち、そういうコンテキストで意識を深めていくならば、それはトランスパーソナル心理療法であると言っているんですね。

また、つい最近、イギリスで出た『トランスパーソナル心理療法』という本を見ますと、やはり基本的な意識の構えのようなことがずいぶん書いてあり、最後に技法編があって、どういう技法が扱われているかというと、夢分析と箱庭と、それからアクティブ・イマジネーションと、フォーカシング、プロセスワークなどでした。つまり、取り立てて特別のアプローチをするのがトランスパーソナル心理療法ではなくて、トランスパーソナルな世界観や枠組みを持ってクライエントに接するのがトランスパーソナル心理療法だという。実は藤見先生と話し合って、今回の特集号もそんな観点から編集させていただいたのです。

河合　私はフランシス・ヴォーン、たいへん感心しました。講演を聞いた時、いい感じの人だと思いました。物静かで、ギラギラしていない。ちょっと危ない人は、見るからにギラギラして「トランスパーソナルでございい」という感じがしますが、その人は本当に物静かな普通の感じで、話される内容がそんなんでたいへん共感しました。

心理療法のモデルについて

藤見　最後にもう一つご質問したいのは、トランスパーソナルの中に大きく分けてケン・ウイルバーに代表されるような統合モデルと、先生がおっしゃってこられたコスモロジー、あるいは曼陀羅、これはモデルといえるか疑問ですが、この二つのモデルがあるような気がします。

今日の世界的な状況を見ますと、アメリカは統合あるいは統一的見地からああいうことをやってしまっている。だけど、やはり私たちはコスモロジカルな、曼陀羅的なモデルの中で耐えていくことが大事だと思うんです。コスモロジカルな、曼陀羅的な構えで、アメリカやテロリズムなどの強烈な一神教的力がやって来た時、しんどくてもそこにとどまるということ。しかしその一方、統合モデルで治療・撃退するというような考えも根強くある。その辺りのことについて、河合先生や滝口先生はどう思われますか。

河合　やはりどう考えてもモデルというものはないのではないかと思います。ないけれども、私は今こういうので生きていますということは、ある程度言える時と、それも言えないくらいの時があります。ただモデルがないのだからノホホンとしているわけではない。やはり人間であるかぎり、インテグレーションが欲しいわけですから、モデルがないから努力を放棄するのではなくて、自分なりにはいつもそれなりに求めていて、問われたらその次元によってある程度のものは出せるという。けれども、それが最終モデルとか、統合モデルと言えるものではないという、そういう態度ではないかと思います。

しかし、私たちはやはりこのような人間に関わることをしているということは、藤見さんの言われている通りで、やはりテロがあったとか、アメリカはああいうことをしたとかということと無縁で私たちは生きているわけにはいかないのではないでしょうか。

さきほど、禅の講話でも、チェルノブイリの音を聞いたらどうかと言っているのは、まさにそのことです。本当に難しい時代です。心配するのは、やはりエゴの強さというものがすごい効果を発揮するから、まだまだその線で世界が動いているという感じがしますね。アメリカを見ていたら、そういう点をたいへん残念に思います。サイコセラピーでもモデルがあって、こうすればこうなるというほうが、よほど強力になって来ているのではないかと思います。だから、私はそれは反対ですが、そういうのも今の時代はある程度仕方ないかなと思ってみたりしますが。

滝口　私は、次の世代に心理臨床の本質をいかに伝えてゆくかということを、ずっと考えています。

河合　本当です。下手すると、教えるにしても、「これもダメです、これもダメです」だけの話になってしまう。そうでしょう？　それではいけないと思います。「その場その場でするより仕方ない」とはだれでも言えることですから。

滝口　「クライエントも状況も一回一回違うから、その場その場でするより仕方ない」という考えは、勉強しないことを合理化する臨床家になってしまう危険があります。

河合　そう。一回限りというのが逃口上になる。

諸富　しかし逆にモデルや法則性ばかり強調されても困りますよね。

河合　そうなんです。だからそこのところが、教える場合、たいへん難しいのではないかと思います。そして、日本の土壌というものもある。アメリカは全体が科学信仰みたいな国で、その信仰に基づいて行動しますから。もっと困るのは、こうしたらこうなるといったように、パッパッパとやったらちゃんとうまくいく例があり、嘘ではないんですから。これ、ちゃんと行っています、実証的にこうなりましたと言われたら、それはたいへん強いですから。

諸富　そうですね。

河合　実際、そういうのとは違う考えを大学で教えていくというのが難しいから、なかなか大学に入らないんです。

諸富　アカデミズムや心理臨床家の間でトランスパーソナルというのが、私たちの怠慢もあって、なかなか広がっていかない。もちろん、広がることだけがいいことではないと思いますが。

河合　それはやはりアカデミズムというものの、長い歴史の性格があって、それをまた追い掛けようとしている日本のアカデミズムの性格があって、その中でたいへんなのは非常によくわかりますが、やはり頑張るより仕方ないのではないかと思います。

諸富　粘り強くということでしょうか。

河合　ええ。ただそちらに入るために苦労していると、こっちの命はなくなるというジレンマはありますね（笑い）、あまり妥協しすぎると。

滝口　河合先生とお話ししていると、「難しくても取り組んでいきましょう……」という気持ちになってきます。

藤見　今のお話で思ったことですが、私にはずっと軽い鬱がありました。だいたい鬱がある人はみなそうだと思うのですが、その中にある種の完全癖が光と関わっている。当時は鬱の世界は真っ黒だと思っていた。ところがユング心理学やトランスパーソナルを学んでいくと、真っ黒ではなくて、黒や闇の中にも陰影があるとか、黒の中にも濃淡があることが分かってきて、それですごくホッとしました。例えば、認知行動療法などで鬱を治されると、一時的には良くなっても、やはり光のほうに戻すというのは……。

河合　そうです、みな「黒を白にする」ことが治療だと思い込んでいる。

藤見　そうですね。黒の中にも実はいろいろな黒があるというのを教えてもらったのがトランスパーソナル、その中でも特にプロセス指向心理学だったのです。

トランスパーソナルと常識

諸富　あと、常識ということについて教えていただきました。

河合　教えたんじゃなくて、私は常識で頑張っていると弁解しているんです（笑い）。

諸富　私の経験で言うと、いきなりトランスパーソナルにスッと入っていける人に危ない人が多い。逆にちょっとこれは怪しいのではないか、トランスパーソナルというのは危ないのではないか、ヤバいのではないかと知りつつも徐々に入っていくくらいがちょうどいいのだと思います。最初からスッと抵抗なく入れる人は危ないですね。最初はトラディショナルなことをやりながら、徐々に入るくらいがちょうどいいだろうと思います。

河合　それは違う言い方で言ったことがあるんですが、面白いのは、内観をしている吉本伊信さん、あのころ、みな内観に行ったんです。そうすると、みな内観で、すっと悟るんですが、彼だけが悟れないんです（笑い）。何度でも何度でも行く。とうとう最後に分かったというんですね。その時思ったのは、早く悟った人はだれの役にも立っていない。なかなか悟れなかった人間だけが人の役に立っているのだと、これは面白いですね。だから、トランスパーソナルでもスッと分かる人は自己満足で終わってしまう。やはりガタガタしながら、自分のものになってきた人というのが他の人にも役に立つというところがあるんでしょうね。

諸富　私には嬉しいお話ですね。

河合　クライエントの中にはスッと分かる人がおられてもそれはそれでいいんです。ただ、それを本当に専門にやっていくとなったら、そこで考えねばならないということでしょうね。

諸富　いきなりすごい宇宙意識みたいなものを体験した人が人徳者かというと……。

河合　違うんです。

諸富　全然違いますね。

藤見　私には強烈な体験というのは一度もないんです。なぜトランスパーソナルにひかれているのか、本当はよく分かりません。強烈な体験もないし、それからドラッグ体験もないですから、この世界にひかれているのがどうしてだかよく分からないまま、一つひとつ心理臨床を積み重ねています。この世界にひかれてはいるものの、同時にトランスパーソナルに対していかがわしい、怪しいという思いを失わずこれにコミットしています。これからもずっとそうだと思うんです。

河合　やはり自分がスッと体験して、ああ、良かったと思うのではなくて、何か他人のために教えたり、何かする人間はずっと自分を疑う力を持っていないとダメではないかと思います。

諸富　トランスパーソナルとか、ニューエイジというと、こういった個を超えたような世界のことを、科学的に語ろうとする人がすごく多いんです。

河合　そうです。

諸富　しかし私は、何か科学的な語り方で、トランスパーソナルは怪しくないのだ、スピリチュアリティは怪しくないのだと、合理的に説明できるんですと説明しようとしすぎないほうがむしろいいのではないかと思います。

河合　そう思います。

諸富　怪しいことは怪しいと言って、その怪しいままの世界にちゃんと取り組むことが、むしろ重要なのではないかと。

河合　だいたいこの世に生まれてくるというのは怪しいです（笑い）。こんな怪しい話はない。人間はみな怪しいんです（笑い）。変な結論になりましたね（笑い）。

滝口　とても楽しい時間でした。

諸富　どうもありがとうございました。

引用・参考文献

Cortright, B. (1997). *Psychotherapy and Spirit: Theory and Practice in Transpersonal Psychotherapy*. State University of New York Press, p.14

エレンベルガー、H／木村 敏・中井久夫監訳（一九八〇）『無意識の発見（上）――力動精神医学発達史』弘文堂

エレンベルガー、H／木村 敏・中井久夫監訳（一九八〇）『無意識の発見（下）――力動精神医学発達史』弘文堂

エルキンス、N・D／大野純一訳、諸富祥彦解説（二〇〇〇）『スピリチュアル・レボリューション――ポストモダンの八聖道』コスモス・ライブラリー

藤見幸雄（一九九二）「シャーマニズムと心理療法」氏原 寛・小川捷之・東山紘久・村瀬孝雄・山中康裕編『心理臨床大事典』培風館

藤見幸雄（二〇〇五）「プロセスワークにおける身体――関係性」『プシケー』二四号「特集 身体」日本ユングクラブ、五二－七五頁

Gendlin, E. (1997). *A Process Modell*, Focusing Institute.

Heidegger, M. (1927). *Sein und Zeit*, Max Niemeyer Verlag.

Hillman, J., & Ventura, M. (1993). *We've Had a Hundred Years of Psychotherapy: And the World Getting Worse*, Harper Collins.

平井孝男（一九九六）「心理療法家として仏陀とともに歩むこと」加藤　清監修『癒しの森――心理療法と宗教』創元社

堀尾治代（二〇一〇）「心理療法家と宗教――心理療法家を支えるもの」堀尾治代・豊田園子・菅野信夫・仲　淳・森岡正芳・千原雅代・高月玲子・高森淳一・小林哲郎・館　直彦『心理臨床と宗教性』創元社

井上　亮（二〇〇六）『心理療法とシャーマニズム』創元社

石川勇一（二〇一一）『心理療法とスピリチュアリティ』勁草書房

伊東　博（一九九五）『カウンセリング　第四版』誠信書房

葛西賢太（二〇一〇）『現代瞑想論　変性意識がひらく世界』春秋社

加藤　清監修（一九九六）『癒しの森――心理療法と宗教』創元社

河合俊雄（二〇〇〇）『心理臨床の理論』岩波書店、五頁

河合隼雄（一九七〇）『カウンセリングの実際問題』誠信書房

河合隼雄（一九八六）『宗教と科学の接点』岩波書店

河合隼雄（一九九二）『心理療法序説』岩波書店

黒木賢一（一九九六）「高次な意識へのアプローチ」加藤　清監修『癒しの森――心理療法と宗教』創元社

May, R. (1982). The Problem of Evil: An Open Letter to Carl Rogers, *Journal of Humanistic Psychology*, **22(3)**, 10-21.

May, R. (1986). Transpersonal Psychology, *APA Monitor*, **17(5)**, 2.

May, R., Krippner, S., & Doyle, J. L. (1992). The Role of Transpersonal Psychology in Psychology as a whole: A discussion, *The Humanistic Psychologist*, **2(3)**, 307-317.

Mindell, A. (1994). *The Shaman's Body*.［ミンデル、A／藤見幸雄監訳・青木　聡訳（二〇〇一）『シャーマンズボディ』

コスモス・ライブラリー」
ミンデル、A／藤見幸雄・青木 聡訳（二〇〇一）『24時間の明晰夢 夢見と覚醒の心理学』春秋社、九－一〇頁）
ミンデル、A／富士見ユキオ監訳 青木 聡訳（二〇〇九）『大地の心理学』コスモス・ライブラリー
ミンデル、A／諸富祥彦監訳 佐藤和子訳（二〇〇三）『メタスキル』コスモス・ライブラリー
諸富祥彦（一九九四）「真空における人格変化――友田不二男氏が捉えたクライエント・センタードの本質」『カウンセリング研究』日本カウンセリングセンター、一三、六二－七二頁
諸富祥彦（一九九七）『カール・ロジャーズ入門――自分が〝自分〟になるということ』コスモス・ライブラリー
諸富祥彦（一九九七）『〈むなしさ〉の心理学』講談社現代新書
諸富祥彦（一九九九）『トランスパーソナル心理学入門』講談社現代新書
諸富祥彦（二〇〇〇）『生きていくことの意味――トランスパーソナル心理学・9つのヒント』PHP新書
諸富祥彦（二〇〇〇）「トランスパーソナル心理学の定義に関する理論的検討」『トランスパーソナル学研究』第四号、日本トランスパーソナル学会、九三－一〇五頁
諸富祥彦編著（二〇〇一）『トランスパーソナル心理療法入門』日本評論社
諸富祥彦（二〇〇三）『現代のエスプリ』四三五号「特集 トランスパーソナル心理療法」至文堂
諸富祥彦（二〇〇五）『人生に意味はあるか』講談社現代新書
諸富祥彦（二〇〇九）『自己成長の心理学――人間性／トランスパーソナル心理学入門』コスモス・ライブラリー
諸富祥彦・末武康弘・村里忠之（二〇〇九）『ジェンドリン哲学入門――フォーカシングの根底にあるもの』コスモス・ライブラリー
諸富祥彦（二〇一〇）『はじめてのカウンセリング入門（上） カウンセリングとは何か』誠信書房

諸富祥彦（二〇一〇）『はじめてのカウンセリング入門（下）　ほんものの傾聴を学ぶ』誠信書房

諸富祥彦・富士見ユキオ編（二〇一一）『現代のエスプリ』五二八号「特集　カウンセリングとスピリチュアリティ」至文堂

村本詔司（一九九三）「久松真一とユングの対話」『禅文化研究所紀要』一九号、一五三－一八〇頁

西光義敞（一九九五）「仏教とカウンセリング」恩田　彰編著『東洋の智恵と心理学』大日本図書、一一－五一頁

西光義敞（二〇〇五）『仏教とカウンセリング』（札幌カウンセリング研究会発行）

大須賀発蔵（一九九五）「曼陀羅の智恵と人間性」、恩田　彰編著『東洋の智恵と心理学』大日本図書、五二－八九頁

大竹直子（二〇一一）「カウンセリングと祈り」諸富祥彦・富士見ユキオ編『現代のエスプリ』五二八号「特集　カウンセリングとスピリチュアリティ」一四八－一五六頁

ブレイジャー、D／恩田　彰監修、大澤美枝子・木田満里代訳（二〇〇四）『禅セラピー——仏教から心理療法への道』コスモス・ライブラリー

ブレイジャー、D／藤田一照訳（二〇〇四）『フィーリング・ブッダ——仏教への序章』四季社

Reiss, G. (2000). *Changing Ourselves, Changing the World*, New Falcon Publications. [リース、G／諸富祥彦監訳田所真生子訳（二〇〇五）『自己変容から世界変容へ——プロセスワークによる地域変革の試み』コスモス・ライブラリー]

Rogers, C. R. (1942). *Counseling and psychotherapy*, Houghton Mifflin. [友田不二男訳（一九五一）臨床心理学、創元社／佐治守夫編、友田不二男訳（一九六六）『ロージァズ全集第二巻　カウンセリング』岩崎学術出版社／友田不二男編、児玉享子訳（一九六七）『ロージァズ全集第九巻　カウンセリングの技術——ハーバート・ブライアンの事例を中心として』岩崎学術出版社]

Rogers, C. R. (1957). The necessary and sufficient conditions of therapeutic personality change, *Journal of*

Consulting Psychology, **21**, 95-103［伊東 博訳（一九六六）「パースナリティ変化の必要にして十分な条件」伊東 博編訳『ロージァズ全集第四巻 サイコセラピィの過程』岩崎学術出版社］

Rogers, C. R. (1980). *A Way of Being*, Houghton Mifflin.［畠瀬直子監訳（一九八四）『人間尊重の心理学』創元社］

Rogers, C. R. (1986). A client-centered/person-centered approach to therapy. Kutash, I.L. and Wolf, A. (eds.), *Psychotherapist's Casebook*, Jossey-Bass,197-208.

Rowan, J. (1993). *The Transpersonal: Psychotherapy and Counselling*, Routledge.

Rowan, J. (1997). Transpersonal Psychotherapy, In Feltham, C. (ed.) *Which Psychotherapy?*, pp.179-198.

Sperry, L. (2001). *Spirituality in clinical practice*, Psychology Press.［平林栄一・飯森眞喜雄訳（二〇〇七）『臨床実践のためのスピリチュアルセラピー』三輪書店］

滝口俊子（二〇一一）「心理臨床家教育とスピリチュアリティ」諸富祥彦・富士見ユキオ編『現代のエスプリ』五二八号「特集 カウンセリングとスピリチュアリティ」至文堂

友田不二男（一九七二）「宗教とカウンセリング――個人的経験を中心として」全日本カウンセリング協議会『カウンセリング』二―一一頁

友田不二男（一九七四）「人間性の回復――『飛躍』が現実化するところ」『カウンセリング』六巻三号、全日本カウンセリング協議会、二―一一頁

友田不二男・伊東 博・佐治守夫・堀 淑昭（一九六八）「（座談会）カウンセリングをめぐって」堀 淑昭編『ロージァズ全集 一八 わが国のクライエント中心療法の研究』岩崎学術出版社

上田閑照・柳田聖山（一九八二）『十牛図――自己の現象学』筑摩書房

梅原 努（二〇〇八）「治療者にとっての信仰――天理教信仰者をとおしてみる位置づけと影響」天理大学大学院臨床人間

学研究科修士論文

Vaughan, F. (1993). Healing and Wholeness: Transpersonal Psychotherapy, In Walsh, R., & Vaughan, F. (eds.), *Paths Beyond Ego*, Tarcher Putnam, p.160

Wilber, K. (1995). *Sex, Ecology, Spirituality*, Shambhala.［松永太郎訳（一九九八）『進化の構造』春秋社］

ウィルバー、K（一九八七）「ベビーブーマー・ナルシシズム・ニューエイジ」『トランスパーソナル・ヴィジョン』第一号、雲母書房

Witte, B. (1993). Assumptions of Transpersonal Psychotherapy, In Walsh, R., & Vaughan, F. (eds.) *Paths Beyond Ego*, Tarcher Putnam, p.165

山崎 正（二〇〇五）「いのちのカウンセリング」『トランスパーソナル学研究』第七号

初出一覧

◆本書第3章は諸富祥彦（二〇一一）「カウンセリングとスピリチュアリティ——カウンセリング／心理療法においてスピリチュアリティが問われるさまざまな場面」（諸富祥彦・富士見ユキオ編『現代のエスプリ』五二八号「特集 カウンセリングとスピリチュアリティ」五‐一二頁）をもとに、大幅な補筆と削除、修正を加え、新たに書き改めたものです。

◆本書第6章は諸富祥彦・藤見幸雄編（二〇〇三）『現代のエスプリ』四三五号「特集 トランスパーソナル心理療法」所収の座談会、河合隼雄・滝口俊子・藤見幸雄・諸富祥彦「トランスパーソナル心理療法をめぐって」（五‐二九頁）を関係各氏の御許可をいただき転載したものです。

「気づきと学びの心理学研究会　アウエアネス」のご案内

この研究会では、理論学習以上に、「自分を見つめる」「自分を掘り下げる」「自分を生きる」「運命を生きる」ことを大切にしています。夢のワーク、身体症状のワーク、キャリア創造のワーク、生きる意味のワーク、運命のワーク、前世や守護霊のワーク、人間関係のワーク、などに楽しく取り組みながら、人間性心理学、トランスパーソナル心理学のエッセンスを体験的に学んでいきます。

ゴールデンウィークの「人生創造ワークショップ」、七月の「自分を生きる　人間性心理学体験ワークショップ」、八月の「スピリチュアルな自己発見　トランスパーソナル心理学体験ワークショップ」九月「フォーカシング・ベーシックコース」一〇月「ほんものの傾聴を学ぶフォーカシング・アドバンスコース」一一月「プロセス指向心理学体験ワークショップ」など、年に六回のワークショップをおこなっています。学歴やこれまでのカウンセリング学習歴にかかわりなく、自分としっかり取り組みたい方であれば、まったくの初心者の方でも、カウンセリング学習のベテランの方でも、どなたでも参加できる開かれた学習会です。どうぞお誘いあわせの上ご参加ください。

■諸富祥彦ホームページ（http://morotomi.net/）の研修会コーナーをご覧いただいた上で、メール（awareness@morotomi.net）もしくはFAX（03-6893-6701）まで、ご連絡ください。

〒101-8301　東京都千代田区神田駿河台1-1　明治大学14号館　諸富研究室内
「気づきと学びの心理学研究会」

著者紹介

諸富 祥彦（もろとみ よしひこ）

1963年　福岡に生まれる
1992年　筑波大学大学院博士課程修了
1993年　千葉大学教育学部専任講師，1995年同助教授
現　在　明治大学文学部教授（教育学博士），臨床心理士，公認心理師，日本カウンセリング学会認定スーパーヴァイザー
日本トランスパーソナル学会会長。日本カウンセリング学会認定カウンセリング心理士会理事。日本教育カウンセラー協会理事。気づきと学びの心理学研究会〈アウエアネス〉代表
http://morotomi.net/
著訳書　『カール・ロジャーズ入門』コスモス・ライブラリー 1997，『〈むなしさ〉の心理学』講談社現代新書 1997，『学校現場で使えるカウンセリング・テクニック（上・下）』誠信書房 1999，『トランスパーソナル心理学入門』講談社現代新書 1999，『生きていくことの意味』PHP 新書 2000，『孤独であるためのレッスン』NHK ブックス 2001，『人生に意味はあるか』講談社現代新書 2005，『カウンセリングと心理療法』〈ロジャーズ主要著作集 1〉（共訳）岩崎学術出版社 2005，『クライアント中心療法』〈ロジャーズ主要著作集 2〉（共訳）岩崎学術出版社 2005，『ロジャーズが語る自己実現の道』〈ロジャーズ主要著作集 3〉（共訳）岩崎学術出版社 2005，『自己成長の心理学』コスモス・ライブラリー 2009，『生きづらい時代の幸福論』角川 one テーマ21 2009，『男の子の育て方』WAVE 出版 2009，『ジェンドリン哲学入門　フォーカシングの根底にあるもの』コスモス・ライブラリー 2009，『はじめてのカウンセリング入門（上）カウンセリングとは何か』誠信書房 2010，『はじめてのカウンセリング入門（下）ほんものの傾聴を学ぶ』誠信書房 2010，『カウンセラー，心理療法家のためのスピリチュアル・カウンセリング入門（上・下）』誠信書房 2012，『人生を半分あきらめて生きる』幻冬舎新書 2012，『100分 de 名著ブックス　フランクル』NHK 出版 2013，『魂のミッション』こう書房 2013，『あなたのその苦しみには意味がある』日経プレミアシリーズ 2013，『新しいカウンセリングの技法』誠信書房 2014，『悩みぬく意味』幻冬舎新書 2014，『フランクル』講談社選書 2016，『孤独の達人』PHP 新書 2019，『実践　職場で使えるカウンセリング』誠信書房 2020，『スキルアップ　保育園・幼稚園で使えるカウンセリング・テクニック』誠信書房 2020，『いい教師の条件』SB 新書 2020，『カール・ロジャーズ　カウンセリングの原点』角川選書 2021，『フランクル心理学入門　どんな時も人生には意味がある』角川ソフィア文庫 2021，『50代からは 3 年単位で生きなさい』KAWADE 夢新書 2021，『速解チャート付き　教師と SC のためのカウンセリング・テクニック』（全 5 巻）（編集代表）ぎょうせい 2022，『カウンセリングの理論（上）（下）』誠信書房 2022，『自己探究カウンセリング入門』誠信書房 2022 など多数。

カウンセラー，心理療法家《しんりりょうほうか》のための
スピリチュアル・カウンセリング入門《にゅうもん》（上巻《じょうかん》）　理論編《りろんへん》

2012年5月15日　第1刷発行
2022年6月20日　第3刷発行

著　者　諸富祥彦
発行者　柴田敏樹
印刷者　田中雅博

発行所　株式会社　誠信書房
〒112-0012　東京都文京区大塚3-20-6
電話　03(3946)5666
http://www.seishinshobo.co.jp/

印刷所／創栄図書印刷　製本所／協栄製本
〈検印省略〉　落丁・乱丁本はお取り替えいたします
ISBN 978-4-414-40372-5 C0011　Printed in Japan